Édito

à la limite

Nous n'en sortirons que par le bas

Il faut sortir de la crise par le haut, disent les gens bien placés. Nous pensons exactement l'inverse : quand c'est du haut que vient le chaos, c'est par le bas qu'on en sort. *Du haut*, c'est-à-dire des structures technocratiques qui organisent notre monde en dépit du bon sens. *Par le bas*, c'est-à-dire par la base, là où la plupart d'entre nous voudrait pouvoir simplement vivre, travailler, aimer, nourrir les siens, sans dépendre des marchés financiers de Londres, de New York, de Hong Kong ou d'ailleurs. La mondialisation libérale a peut-être augmenté le « niveau de vie » général, elle risque fort de ne laisser derrière elle qu'un champ de ruines et de frustrations. La division internationale du travail a peut-être valorisé les « avantages comparatifs » de chaque pays, elle a réduit l'individu à un consommateur insatiable, totalement incapable de subvenir par lui-même à ses besoins. Notre assiette vient de partout, sauf de notre jardin. À force de sacraliser notre « pouvoir d'achat », nous avons sacrifié notre « pouvoir d'agir ». Plus rien n'importe, tout s'exporte.

Il est temps de renverser l'autel où Big Mammon s'engraisse.

N'est-ce pas ce que tentent les Gilets Jaunes? Tout a été dit sur leurs colères et leurs désirs. Le désordre qu'ils manifestent vient de loin. Les Champs-Élysées le samedi n'en sont qu'un énième soubresaut. Il y aura toujours moins de vitrines brisées que d'écoles, de postes ou de gares fermées. Ces vingt dernières années, le nombre de femmes qui vivent à plus de 45 minutes d'une maternité a doublé. Pendant ce temps-là, en dix ans, le CAC 40 doublait sa valeur, retrouvant son niveau d'avant la crise des *subprimes*. Les services publics se dégradent, tant pis : le luxe et l'aviation prospèrent.

Les Gilets Jaunes sont un signe, un symptôme, celui de l'effondrement d'un système, trop gros, trop injuste, qui réussit de moins en moins à calmer les colères et à cacher ses vices. Car si l'air est irrespirable, ce n'est pas qu'à cause des gaz lacrymogènes. La pollution tue en masse, ici et là, et à l'échelle de la biosphère. Dans ce déluge industriel, heureusement, des éclaircies apparaissent, et pas seulement sur les ronds-points ou dans les marches pour le climat. Nous continuerons à promouvoir ces alternatives écologiques, sociales, démocratiques, d'où qu'elles viennent, car elles sont les avant-postes d'une société plus juste.

Le local contre le global, le petit commerce contre la grande surface, l'économie contre la concentration du capital, bien sur, c'est David contre Goliath. Mais l'on sait à la fin que le géant s'effondre, colosse aux pieds d'argile. Le berger visait juste. Un caillou a suffi. Quelle fronde brandir contre les Philistins de notre temps? Quelle pierre glisser dans la machine infernale qui menace notre maison commune?

Nous espérons que ce nouveau numéro en soit une qui, grâce à vous, puisse atteindre sa cible. Il faut avoir de bons appuis : lisez bien pour viser juste !

Et n'oubliez pas de vous aimer les uns les autres ! ●

Gaultier Bès
Directeur adjoint de la rédaction

sommaire

Magazine

Politique

Social

OURS

CONSEIL DE RÉDACTION
Fabrice HADJADJ • Association Ascagne

DIRECTEUR DE PUBLICATION ET RÉDACTION
Paul PICCARRETA

DIRECTEUR ADJOINT
Gaultier BÈS

ÉDITEUR
Pierre CHAUSSE

POLITIQUE
Max-Erwann GASTINEAU et Laurent OTTAVI

SOCIAL
Mahaut HERRMANN et Raphaël PATELOUP

CULTURE
Camille DALMAS et Clémence BARRAL

WEB
Alice CUBILLÉ • Théo MOY • Geoffroy LACOMBLED • Marie-Armelle CHRISTIEN • Constance ROCHE

ASSISTANTE DE DIRECTION
Salomé BLONDEAU

SECRÉTAIRE DE RÉDACTION
Aurore CAUDAL

RESPONSABLE NATIONAL DES AMIS DE LIMITE
Nans BORROT

VIDÉOS
Nicolas PINET-GASCON • Aziliz LE CORRE • Robin NITOT

MEMBRES DE LA RÉDACTION
Anaïs AÏT MANSOUR • Ludovic ALIDOVITCH • Eugénie BASTIÉ • Ludivine BÉNARD • Sibylle DE CORBIAC • Maïlys DE CRAECKER • Marie DEGELOES • Marianne DURANO • Violaine EPITALON • Jeanne FONMARTY • Amaury GUILLEM • Joseph GYNT • Johannes HERRMANN • Mahaut HERRMANN • Mayeul JAMIN • Manon-Gabrielle JARASSE • Eugénie LE QUÉRÉ • Laurent OTTAVI • Amélie PILLET • François-Xavier MOISAN • Sylvain MONNIER • Laure DE TRAZ

Dossier

Culture

ONT COLLABORÉ À CE NUMÉRO
L'Arche du Gwenves • Renaud BEAUCHARD • Wendell BERRY • Youness BOUSENNA • Lucile DE LA BRETESCHE • Jean-Paul CLÉMENT • Dany-Robert DUFOUR • Olivia DUFOUR • Jacques JULLIARD • Fabienne KRAEMER • Marion MESSINA • Olivier MONGIN • Gauthier VAILLANT • Clémence DE VANSSAY

DIRECTION ARTISTIQUE
Nicolas PINET

GRAPHISME
Caroline SOULÈRES

ILLUSTRATEURS
Sarah-Louise BARBETT • Marie-Anne BEZON • Victor CARPENTIER • Thomas GAUDIN • Charlotte GUITARD • Maylis MAURIN • Bertille MENNESSON • Nicolas PINET •

Site internet : revuelimite. Fr
Nous écrire : redaction@revuelimite.Fr
Association Limite, 10 rue Charles Divry 75014 Paris

Abonnements :
Première Partie, abonnements Limite,
60 rue de Rome 75008 Paris
Imprimé par les imprimeries
de Champagne
Rue de l'Étoile de langres
ZI Les Franchises
52200 LANGRES
ISBN : 978-2-36526-185-2
Num CPPAP : 0224 D 93312

L'amour sur orbite

Pour le philosophe, l'amour nous réenracine dans notre chair, puis nous installe sur une terre, puis nous engage à œuvrer ensemble pour qu'il y ait encore un avenir.

1.

L'amour peut sans doute causer plus de ravages que la haine. C'est qu'il se sent dans son bon droit – puisqu'il aime –, et que, focalisé sur l'objet de sa passion, il ne se préoccupe pas de ce qui se passe autour. Mieux encore : pour prouver qu'il est inconditionnel, prêt à endurer toutes les souffrances, ne redoutant pas le naufrage tant que l'aimé lui tient la main, il rêve d'un fond de ruines, d'une dévastation totale, d'une apesanteur où il ne reste plus qu'elle et moi nous perdant dans l'abîme de nos regards.

Vous aurez reconnu ici le célèbre hymne d'Édith Piaf : « Le ciel bleu sur nous peut s'effondrer / Et la Terre peut bien s'écrouler / Peu m'importe si tu m'aimes / Je me fous du monde entier. » Les amants se satisfont volontiers d'une île déserte : pourquoi la désertification les inquièterait-elle ?

Ville et campagne sont trop cadastrées pour que Rose (Kate Winslet) et Jack (Leonardo di Caprio) s'y fussent rencontrés : ils appartenaient à deux classes sociales trop différentes. Leur amour ne pouvait se déployer que sur le *Titanic,* au large, la possession d'une terre et d'une maison n'étant pas seulement de peu d'importance, mais constituant même un obstacle majeur. Et si le paquebot coule, c'est l'occasion des scènes les plus lyriques (alors que l'installation aurait inéluctablement conduit à de banales scènes de ménage). L'un montre à l'autre combien il tient plus à sa vie qu'à la sienne. On rivalise d'esprit de sacrifice. Le bon chrétien n'a-t-il pas appris que la croix est le lieu du témoignage ? Alors que le sol tremble, que les fleurs se fanent, que les tourterelles disparaissent, je te tiendrai blottie contre moi et attesterai par là que si le ciel et la terre passent, notre amour ne passera pas.

Par
Fabrice Hadjadj
Philosophe, directeur
de l'*Institut Philanthropos.*
Conseiller éditorial de *Limite*

2.

Cette idée d'un amour hors-sol a sans doute une origine lointaine dans le *fin'amor* des troubadours, dans le nominalisme franciscain, dans la métaphysique affirmation que l'amour est antérieur à l'être. Elle correspond d'ailleurs à une authentique expérience que la phénoménologie n'a pas manqué d'expliciter : les amants sont encore *dans* le monde, mais ils ne s'éprouvent plus comme étant *du* monde, ils entrent dans un domaine où ne jouent plus ni les lois ni la causalité (dire *pourquoi* on aime, c'est déjà ne plus aimer – ou c'est aimer quelque chose et non plus quelqu'un, le *quoi* l'emportant sur le *qui*).

Cette idée, qu'on peut à bon droit qualifier de romantique, et qu'on aurait tort de juger entièrement fausse, ne s'est toutefois développée qu'avec la révolution industrielle. Elle est devenue commune avec l'avènement de la société de consommation.

Qu'on me laisse écrire ici les premières lignes d'un essai qui pourrait s'intituler *Marx et Vénus.* L'amour comme « toi et moi sur une île bienheureuse » repose sur un certain mode de production des biens. À moins que ce ne soit l'inverse : un certain dispositif techno-économique a pour moteur une vision romantique de l'amour, où le mariage n'est plus la fondation d'une famille, avec son économie propre, mais des noces ramenées à

leur étymologie – *nubes,* « les nuages » – c'est-à-dire une exaltation qui se déroule principalement dans les nuées.

3.

L'embarquement pour Cythère dépend d'un appareillage qui s'est constitué en quatre étapes : 1° La séparation de la demeure et du lieu de travail, désormais séparés en domicile et bureau, et qui réduit le foyer à un refuge sentimental. 2° L'avènement du consumérisme qui coupe de la communauté productive environnante et permet de vivre dans une bulle, alimentée de manière magique, comme une espèce d'Éden bâti sur l'enfer d'une production délocalisée. 3° La marchandisation du témoignage d'amour, dernière possibilité du salarié qui rentre tard, et que manifeste le phénomène « Saint-Valentin ». 4° La numérisation du monde, lequel n'est plus qu'un défilé de visuels sur les écrans, le dernier donné naturel se concentrant dans les corps des amants, corps qui apparaissent eux-mêmes comme indéterminés, ayant moins de réalité charnelle que pulsionnelle.

C'est la révolution industrielle qui invente d'un côté la femme au foyer et de l'autre l'homme au turbin.

Le premier point a été profondément pensé par Christopher Lasch dans *Haven in a heartless world* (*Un refuge dans ce monde impitoyable*). C'est la révolution industrielle qui invente d'un côté la femme au foyer et de l'autre l'homme au turbin. Auparavant, la famille est le lieu même de la production, les époux œuvrent ensemble, avec leurs enfants. Ce qui aujourd'hui se réduit aux tâches ménagères correspondait au fond de l'économie, avec sa part d'agriculture, de petit artisanat, de troc avec les voisins. Dès lors que le mari va trimer au bureau ou à l'usine (que le col soit bleu ou blanc ici ne change rien), lutte pour la vie du ménage dans une concurrence sans pitié, il espère bien, quand il rentre à la maison, trouver un havre de paix, pouvoir mettre les pieds sous la table tandis que sa tête est câlinée par une tendre femme qui lui a préparé de bons petits plats et lui réserve d'autres gâteries.

La famille comme forteresse émotionnelle, mais aussi, par conséquent, comme forteresse assiégée, telle est l'image qui se retrouve dans de nombreux magazines catholiques. Elle n'est pas fausse, là encore. Mais elle perd de vue son aliénation économique, et l'exigence d'un rapport positif avec le monde, ou du moins avec la terre.

4.

Deuxième point : ce que l'on faisait hier péniblement ensemble, on peut désormais l'acheter à bas prix. Il n'y a pas à travailler de ses mains ni à entrer en contact avec les familles d'à-côté pour assurer une subsistance commune. Il suffit d'aller ensemble au supermarché, voire de commander en ligne.

On n'a pas vu assez combien la grande distribution porte et est portée par l'idylle. Elle permet aux amants de vivre dans leur bulle. Houellebecq décrit souvent le monde contemporain comme « une machine à détruire l'amour ». Il faudrait aussi le décrire comme une machine à fonder l'illusion de l'amour romantique. Nous voici toi et moi parmi les rayonnages à pouvoir cueillir de quoi agrémenter notre nid ; nous voici dans la chambre à coucher avec le chauffage au sol, le matelas à mémoire de forme et l'écran plat ; nous voici dans la nature, c'est-à-dire sur un GR (rectangle blanc sur rectangle rouge) avec notre matériel de randonnée acheté au *Vieux Campeur,* rue des Écoles.

Le propre de la technologie, selon Albert Borgmann, est de fabriquer des appareils (*devices*), qui permettent la livraison d'une marchandise (*commodity)* au moyen d'un dispositif complexe, global et pour cela même caché (*machinery*). Ainsi pouvons-nous avoir l'impression, elle et moi, de vivre sur un îlot loin de la foule déchaînée, et d'être absolument souverains – roi et reine – par rapport au monde matériel que nous prenons, consommons, jetons, téléchargeons et effaçons, sans être attachés à aucun patrimoine.

5.

Troisième point: le problème, bien évidemment, c'est que pour accéder au paradis de la marchandise il faut s'enfoncer dans les travaux forcés ou les *bullshit jobs*. Comme je l'ai déjà écrit dans ces pages, le rocher de Sisyphe est la condition de la lampe d'Aladin; il s'agit d'ailleurs, dans le système consumériste, d'un seul et même objet biface, que la carte bancaire résume aussi assez bien. L'époux et l'épouse, puisqu'ils ne *font* plus rien ensemble sauf l'amour, vont chacun à leur emploi rémunéré, et quand ils retournent sur leur île, ou leur appartement (l'appartement est par définition ce qui se situe « à part ») comment se déclarent-ils leur sentiment assez puissant pour les faire retourner chaque soir au dodo ensemble malgré le méchant boulot qui les éloigne?

- Regarde ce que je t'ai acheté! - J'espère que tu aimes ces dessous, car je les ai pris pour toi, - Moi je nous ai offert à la FNAC des « Moments inoubliables », une smartbox® dans la collection « Émotions à deux ». On a le choix entre 967 destinations! - Mais est-ce que tu as appelé le réparateur pour les plaques à induction? Tu m'avais promis.

La chose est encore plus nette avec les enfants, dans la mesure où ces petits sauvages sont admis sur l'île des amoureux. Le père absent se rachète en se faisant Père Noël. Le système qui l'écarte du domicile lui permet d'y revenir chargé de cadeaux fabriqués en Chine. Il a ramené du Tartare le génie de la lampe. Et il fait un peu mieux coïncider l'acte de consommer et l'expression du pur amour. Assez vite, parce qu'il se sent coupable, et qu'en outre ce genre d'article peut aisément faire office de baby-sitter, il achète à ses petits des consoles de jeux, des smartphones, un abonnement Netflix. Nous restons encore sous le même toit, dans le même havre, mais chacun devant son écran, avec ses écouteurs, et le dernier lien qui nous unit est celui des moyens de paiements.

6.

Quatrième point: le caractère très pulsionnel de l'amour est une invention postmoderne. Les bêtes ont une sexualité ordonnée par l'instinct. Les hommes primitifs sont moins mus par le rut que par le rite. Il faut attendre les progrès de la machine et spécialement de la commande électronique pour que la pulsion devienne le modèle de l'attraction amoureuse (alors même qu'il y a une complète opposition entre attraction – où c'est l'autre, en tant que cause finale, qui est à l'origine de l'élan – et la pulsion – où c'est en moi que la cause efficiente de l'élan se trouve).

> *Nous restons encore sous le même toit, mais chacun devant son écran, et le dernier lien qui nous unit est celui des moyens de paiements.*

La sophistication technologique cultive l'immaturité affective. Le progrès se situe du côté des objets, non du sujet, lequel augmente à travers eux son contrôle, mais perd toute maîtrise, aussi bien des choses que de soi. Il suffit que l'appareil tombe en panne, et la sauvagerie se déchaîne. L'habitude de dominer en appuyant sur des boutons n'a fait qu'entretenir la pente pulsionnelle. Le coup de foudre se *tinderise*. L'amour est un éclair jailli des algorithmes, qui réclame des étreintes comme des collisions où l'on oublie sa misère.

Au reste, puisque la chair est supplantée par le corps pixélisé, puisque l'exemple de l'union des corps ne relève plus de la découverte, du tâtonnement, de l'engagement physique, du labeur de la fidélité, mais de la performance du *hard* (le hardware au service du X), de quelque chose de plus visuel que charnel, relevant de ce que Freud appelle la « pulsion scopique », où la biologie est indifférente, l'amour n'est pas seulement cette fulgurance sans enracinement, il est aussi cette érection sans fondement, cette impulsion qui vous jette dans un monde angélique ou bestial, loin de toute humaine demeure et de ses exigences terrestres.

7.

Me voici cependant comme le Socrate du *Phèdre*. Au moment de franchir le ruisseau, j'ai senti le signal divin qui m'arrête et m'accuse de blasphème. Amour n'est-il pas un dieu ? Comment ai-je pu le rendre complice de tous les ravages ? Ne lui dois-je pas ici mon repentir et ma palinodie ?

J'ai parlé d'un amour qui nous enferme dans une bulle et nous fait oublier la « planète ». J'aurais pu parler d'un autre amour, celui de la planète même, qui n'est guère meilleur, parce qu'il nous stérilise : le souci des générations futures nous y incite à éviter les engendrements présents ; la défense de la Nature nous y pousse à attaquer le seul être naturel à être culturel, et qui peut dès lors s'intéresser aux autres espèces et célébrer sa beauté. Une Piaf végan chanterait alors : « Le ciel bleu ne doit pas s'effondrer / Et la Terre ne doit pas s'écrouler / Quant à toi, si tu m'aimes / Point d'enfants, mais un lévrier... » Ou quelque chose comme ça. Comme si ce n'était pas nos enfants qui nous sortaient de nous-mêmes et nous rendaient responsables pour l'avenir...

L'amour de la planète est une passion d'astronautes – en apesanteur – tout autant que le romantisme qui ignore la Terre. D'après l'Évangile, le véritable amour est un semeur et un vigneron. Thomas d'Aquin notait qu'avant de vouloir *le bien* de l'aimé, l'amant veut que l'aimé *soit* ce qu'il est, c'est-à-dire un être en chair et en os, avec sa nature – la première nature à préserver – et la fécondité qu'elle implique et qu'il faut cultiver. Dès lors, comme l'observe Hésiode, puisqu'il faut nourrir l'aimée, puisqu'il faut l'abriter par-delà l'abri de nos bras, puisqu'il convient d'un peu plus que de l'eau fraîche, la femme appelle avec elle *une maison* et *un bœuf de labour*.

Ainsi l'amour nous réenracine dans notre chair, puis nous installe sur une terre, puis nous engage à œuvrer ensemble pour un avenir qui se tient autour de la table, et qui en met partout. La famille est originellement ce qui articule l'amour et l'économie, laquelle est par le fait même locale, et limitée. Je sais que, disant cela, je ne fournis pas directement de réponse concrète. Je ne fais que crever la bulle, mesurer l'ampleur du problème, couper ses ailes à l'amour ? non, mais lui redonner ses mains. •

La case de l'oncle Sème

Mais comment faisaient nos anciens pour cultiver avant Gamm Vert et Vilmorin? Et bien, comme depuis les débuts de l'agriculture céréalière, il y a environ 10 000 ans : ils gardaient une partie de leur récolte pour en ressemer les graines l'année suivante. C'est ce que font encore, de par le monde, tant de petits paysans qui assurent eux-mêmes la sélection et la multiplication des semences. Problème : quand la récolte est mauvaise, la famine menace ou, du moins, des semailles médiocres.

C'est à partir du XVIe siècle qu'apparurent les premiers marchands de semences qui revendaient aux paysans les meilleures graines disponibles. Peu à peu, pour éviter les fraudes (une semence de blé d'hiver vendue comme blé de printemps, par exemple) et protéger les cultivateurs contre les falsificateurs, le législateur a imposé une certification sur les semences. Au nom de la traçabilité, chaque variété de semence doit donc être inscrite dans un catalogue officiel, quitte à breveter et à manipuler génétiquement les plantes. C'est ainsi que les paysans ont perdu progressivement le monopole des semences au profit de grands semenciers. Si seul 0,01 % des surfaces cultivées en France est semé de graines paysannes, à l'échelle mondiale, quatre multinationales concentrent la moitié du marché.

Résultat : au lieu des milliers de variétés traditionnelles de blés ou de tomates, quelques variétés hybrides s'imposent. Hybrides, et donc non-reproductibles : chaque année, le cultivateur doit racheter ses graines à tel ou tel semencier industriel. Si ces semences industrielles sont mieux adaptées aux engrais chimiques, leur plus grande fragilité nécessite plus de pesticides. À quoi s'ajoutent des *qualités nutritionnelles moindres et parfois une toxicité non visible.* Se crée ainsi un « marché captif », l'agriculteur dépendant du semencier, des graines jusqu'aux intrants.

Dans ce contexte, depuis quelques décennies, des associations se battent pour préserver la biodiversité semencière et limiter ainsi la dépendance des paysans. C'est l'ambition du *Réseau Semences Paysannes* pour qui sélectionner et ressemer ses graines est « *un droit imprescriptible* » des cultivateurs à qui « il appartient de plein droit de gérer collectivement le "*patrimoine génétique*" *issu de milliers d'années de travail de nos ancêtres paysans* ».

Les jardiniers amateurs ont tout intérêt à participer à ce grand mouvement de réappropriation semencière en prélevant leurs graines sur leurs propres plantes : économique, valorisant, stimulant, pédagogique et efficace car les graines autochtones sont les mieux adaptées au terroir! Si le semis est un art délicat, quelle satisfaction d'acquérir un peu de souveraineté alimentaire en ne dépendant de rien d'autre que de son savoir-faire. Et des aléas naturels. •

Par
Gaultier Bès
Directeur adjoint de la rédaction de *Limite*
Auteur de *Radicalisons-nous !* *(Première Partie)*

Coeur à prendre?
Au prix où je l'ai acheté? Ça m'étonnerait!

les amis de Limite

Il est venu le temps des rires et des chants! Amis lecteurs, parce que le monde de demain n'attend pas, votre équipe de rédaction vous propose de passer du canapé au jardin.

Nous vous invitons à fonder des noyaux d'*amis de Limite* dans votre ville, votre département, ou votre région. Contactez **borrotnans@gmail.com** pour créer ou rejoindre un groupe.

Ile-de-France:
Toutes les deux semaines rendez-vous au 60 rue de Rome. Les *Mardis de Limite* permettent à tous les amis de la revue de se retrouver pour une conférence ou un débat, suivi d'un petit apéro.

Hauts-de-France:
Le réseau prend forme autour de Luca Rossini. Pour le contacter: 06.32.72.53.34
Maison Madeleine Delbrel, 27 rue Négrier, Lille
lucrossini@gmail.com

Bretagne:
Guillaume Jacquin, 06.60.48.86.12
La Ferme des Têtes De Mules
lafermejacquin@gmail.com

Centre Val de Loire:
Gaultier Bès et Marianne Durano
70 rue Lucien Dupuis à Vernouillet (28500).
g_bdb@hotmail.com

Languedoc:
C'est à Montpellier que les languedociens se retrouvent autour d'Inès. Vous habitez entre Nîmes et Béziers, rejoignez le petit groupe en train de se former. Contact: Inès Lefebvre
07.69.45.60.41

Nouvelle Aquitaine:
Le réseau s'organise dans toute la région, de Poitiers à Bayonne. Tous les mois, retrouvez les personnalistes gascons autour de Chloé et Aymeric. Pour les contacter:
chloeetaymeric@free.fr
06.79.34.55.85

Belgique:
Les amis de Limite s'implantent à Bruxelles. Les Belges se retrouvent autour de Jean-Baptiste, le cœur rempli d'idéaux!
Jean-Baptiste Ghins
jb.ghins@gmail.com

Avancez vers l'arrière s'il vous plaît !

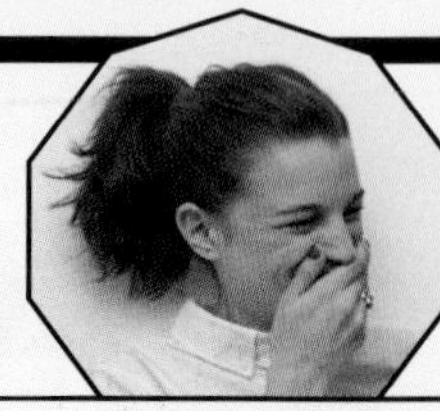

Par
Eugénie Bastié
Membre de la rédaction

Journal limité

Que s'est-il passé dans la vie de notre chroniqueuse ces trois derniers mois? De l'amour et de la littérature, Marlène Schiappa et des Gilets jaunes. Retour sur un hiver où la France et les amoureux s'embrasent.

Jeudi 10 Janvier – Saint Thomas postmoderne

Certains Gilets jaunes multiplient les théories complotistes sur les réseaux sociaux au sujet de l'attentat de Strasbourg, affirmant que celui-ci aurait été créé de toutes pièces par le gouvernement pour étouffer la colère du peuple. *« Je n'ai aucune confiance en ce que je ne vois pas »*, dit Maxime Nicolle, en saint Thomas postmoderne, les décodeurs du *Monde* jouant le rôle peu crédible de Christ montrant les plaies des Fake News aux apôtres incrédules. *« Comme par hasard »*, revient souvent. Ces trois mots sont caractéristiques de l'hyperindividu contemporain qui croit avoir l'esprit critique et l'applique à tout. Il ne croit plus le réel sur parole, il se croit malin et méprise ceux qui ont la naïveté de dire la simplicité des choses. Il voit des intentions cachées partout. Cet esprit hypercritique, qui est une nouvelle forme de bêtise, n'est rien d'autre que la démocratisation des philosophies de la déconstruction, qui, sorties du cadre restreint de l'université, ont envahi l'espace public à travers les réseaux sociaux. *« Il n'y a pas de faits, il n'y a que des interprétations »* : la sentence de Nietzsche, réservée autrefois à une aristocratie de surhommes éclairés par le soleil de la connaissance, s'est désormais galvaudée sur les réseaux sociaux, répandant le relativisme comme un poison paralysant dans les veines du corps social. ●

◇◇

Samedi 19 janvier

Ultima Ratio regum : le dernier argument des rois. Devise gravée sur les canons de Louis XIV. On devrait graver sur les LDB des CRS : *Primo Ratio Tecnocratum* : le premier argument des technocrates.●

◇◇

Jeudi 21 janvier – Besoin d'amour

J'ai achevé hier soir la lecture du roman de Michel Houellebecq, *Serotonine*. Au début, je l'avoue, j'ai été profondément déçue par la tristesse banale de ces pages. J'ai été agacée par la facilité des procédés de narration (le recours paresseux aux flashbacks), le caractère tellement stéréotypé du personnage principal, et l'overdose de scènes pornographiques, en particulier dans le premier tiers du roman. Pourquoi nous infliger des scènes aussi crasses si ce n'est pour vouloir remuer la vase au fond de nos âmes blasées ?

Et puis il y a la dernière page du livre, sans doute la plus bouleversante que Houellebecq ait jamais écrite. Tant pis pour le divulgâchage, je vous mets tout de même l'extrait en question qui mériterait je crois d'être appris par cœur :

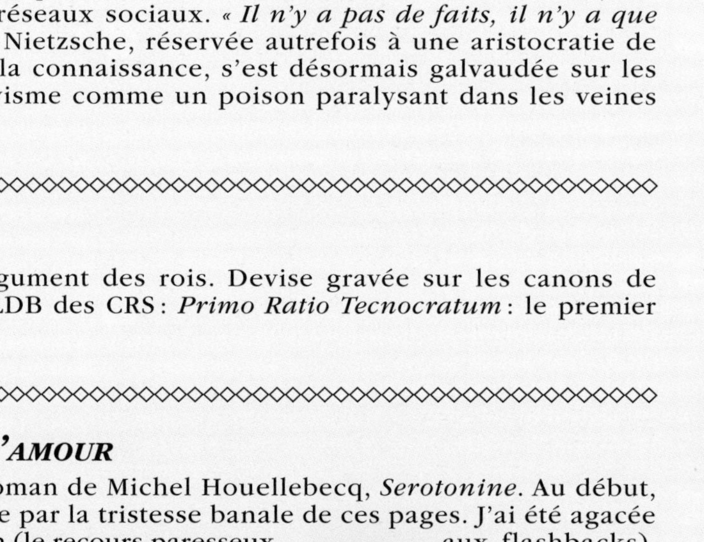

« Dieu s'occupe de nous en réalité, il pense à nous à chaque instant, et il nous donne des directives parfois très précises. Ces élans d'amour qui affluent dans nos poitrines jusqu'à nous couper le souffle, ces illuminations, ces extases, inexplicables si l'on considère notre nature biologique, notre statut de simples primates, sont des signes extrêmement clairs.

Et je comprends aujourd'hui, le point de vue du Christ, son agacement répété devant l'endurcissement des cœurs : ils ont tous les signes, et ils n'en tiennent pas compte. Est-ce qu'il faut vraiment, en supplément que je donne ma vie pour ces minables ? Est-ce qu'il faut vraiment être, à ce point, explicite.

Il semblerait que oui. »

Dans ce roman d'une tristesse profonde, Houellebecq décrit la médiocrité de vies minimales, sans amour ni transcendance, sans illusions aussi. La plume est semblable à ces existences : plate, mécanique. Un dégoût vous vient à la lecture de ces pages, elles vous salissent et en même temps elles vous purifient aussi. Je ne dirais pas « elles vous élèvent » mais elles vous décantent, du bonheur quantifiable, de la misère quotidienne de l'accumulation infinie, de la fausse liberté occidentale. Elles ramènent à l'essentiel : l'amour. Il n'y a que l'amour qui sauve. C'est ce que veut dire, je crois, le titre : nous ne sommes pas des êtres de chimie, purement biologiques. Il y a autre chose. « *Si nous avons besoin de tant d'amour, à qui la faute ?* » comme le dit mon vers préféré de son poème *Confrontation*. ●

Mercredi 30 janvier – l'Apocalypse oubliée

J'ai vu le film *Le chant du loup*, un thriller militaire racontant les péripéties d'un sous-marin nucléaire, et montrant la force indispensable de l'agir humain face aux machines. Au-delà de la qualité cinématographique (hormis quelques invraisemblances) et son suspense admirable, le film a pour mérite de bien montrer la folie de la dissuasion nucléaire, qui, une fois enclenchée ne peut plus être stoppée. Pour que la dissuasion fonctionne, pour qu'elle soit crédible, il faut qu'elle cesse d'être humaine. Cette irrationalité de la raison instrumentale poussée à son extrémité est très bien décrite par le philosophe Jean-Pierre Dupuy dans son essai *La guerre qui ne peut pas avoir lieu* (Desclée de Brouwer). L'auteur du « catastrophisme éclairé » analyse avec précision l'effrayante logique au cœur de l'équilibre de la Terreur, en anglais MAD (Mutually Assured Destruction) qui, pour être efficace, doit reposer sur l'inhumanité (qui, rationnellement, pourrait appuyer sur le bouton nucléaire, sachant que des millions de vies seraient détruites par ce geste ?).

Il est bon que le cinéma se réempare de la question de l'Apocalypse nucléaire, largement délaissé depuis la fin de la Guerre froide. Car la menace est toujours aussi présente, même si elle est passée au second plan

© Julien Panié

derrière l'urgence écologique. En exergue de son livre, le philosophe cite cette phrase glaçante de Donald Trump : « J'ai toujours beaucoup réfléchi à la question de la guerre nucléaire. C'est un sujet qui a beaucoup d'importance dans la manière dont je pense. C'est la catastrophe ultime, extrême, le monde n'a pas de défi plus important à relever, et pourtant personne n'analyse les mécanismes qui y mènent. Personne ne veut en parler. Je crois qu'il n'y a rien de plus stupide que de croire que ça n'arrivera jamais juste parce que tout le monde sait que les armes nucléaires ont un immense pouvoir de destruction et qu'on va donc se garder de les utiliser. Quelle connerie ! » •

Jeudi 14 février – Sodome et Maritain

Dans le livre de Frédéric Martel *Sodoma*, une des insinuations de l'auteur m'a particulièrement fait bondir : celle qui suggère une éventuelle homosexualité de Maritain, ce qui expliquerait son « obsession » selon l'auteur de la question homosexuelle. « Le code Maritain » imprégnerait depuis lors l'Église.

« Le modèle "vierge folle", fait d'ascétisme et de sublimation, c'est celui qui caractérise Maritain, François Mauriac, Jean Guitton et peut-être aussi quelques Papes récents » ose écrire Martel.

Oui Maritain a entretenu des amitiés soutenues avec plusieurs écrivains homosexuels, dont Maurice Sachs et Jean Cocteau qu'il a tenté de ramener dans le chemin de la chasteté. Mais, comme l'ont justement rappelé deux universitaires dans *La Croix* (lundi 4 mars), Florian Michel et Michel Fourcade, ces allégations douteuses et militantes ne reposent sur rien de précis. •

N.B. : J'ai lu justement la biographie croisée de Jacques et Raïssa Maritain, par Jean-Luc Barré, travail par ailleurs critiqué par ses allusions à la vie intime du couple. Je reste marquée par ces vies exceptionnelles, marquées du sceau de la pureté. Je suis surtout frappée par les conversions à la pelle qui eurent lieu à la fin du XIXe début du XXe siècle dans le sillage du « renouveau catholique ». De Claudel qui inaugure la danse (1886) à André Frossard (1935) en passant par Péguy, Psichari, Rivière, Max Jacob, etc. Pourquoi ? Sans doute la maturation d'un siècle imbécile et matérialiste, qui donna envie de s'agenouiller à nouveau. Quand Vivian se vante à la tribune de l'Assemblée, d'avoir « éteint dans le ciel des lumières qu'on ne rallumera plus », on a qu'une envie, c'est d'allumer un grand feu. Le fait aussi que la IIIe République, et donc le pouvoir furent violemment anticléricaux et athées : la subversion était d'être catholique quand les notables étaient francs-maçons. Aujourd'hui, pourrait-il se passer la même chose ? Le déclin d'une société de consommation qui tourne à vide précipitera-t-il à nouveau des jeunes gens au pied de la croix ? •

Jeudi 21 février – Marlène Schiappa n'a-t-elle pas raison ?

L'inénarrable secrétaire d'État à l'égalité entre les femmes et les hommes a fait scandale, entre deux plateaux télé avec Cyril Hanouna, en osant dans l'hebdomadaire *Valeurs actuelles* cette com-

© D.R.

paraison audacieuse : « *Je ne mets pas sur le même plan la Manif pour tous et les terroristes islamistes, mais je souligne l'existence d'une convergence idéologique* ». Le propos, injuste et outrancier, a immédiatement dissuadé un torrent de condamnations. Elle s'est excusée d'avoir blessé, tout en maintenant sur le fond l'idée d'une convergence entre le conservatisme des religieux chrétiens et musulmans. Sa thèse n'est pas isolée, c'est aussi celle que développe Marc Weitzamn dans son livre *Un temps pour haïr* (Grasset), description hallucinatoire d'une supposée alliance objective entre les terroristes islamistes et les catholiques traditionalistes sur fond d'antimodernité.

Certes, il est indéniable qu'il y a une hostilité commune des religions monothéistes aux avancées sociétales prométhéennes qui s'attaquent aux structures universelles de la filiation. Mais il est aussi évident que toutes les religions n'ont pas un souci égal du bien commun, de la dignité de la personne et une même conception de l'altérité sexuelle.

Il est trop commode de vouloir mettre toutes les critiques de la modernité progressiste dans le même tiroir. Il n'y aurait, face à la civilisation libérale issue des Lumières, qu'un seul et même ennemi, une hydre à plusieurs têtes qui n'aurait qu'un seul cœur facile à crever.

Ne soyons pas dupes : ce genre de déclarations est là pour neutraliser toute critique du Progrès au nom d'une nouvelle *reductio ad islamistum*. Autrement dit : être contre la PMA, c'est être d'accord avec Daech. Il faut bien de la patience pour ne pas céder à cette grande nuit de l'équivalence. ●

◇◇

Vendredi 8 mars – a-t-on encore besoin des hommes ?

Aujourd'hui, c'est la fête des femmes. À entendre les médias, la condition féminine n'aurait que peu évolué depuis quarante ans, et notre pays serait encore un enfer pour le deuxième sexe. L'hebdomadaire *Famille chrétienne* m'a demandé de répondre à cette interrogation : « Pourquoi a-t-on besoin des hommes ? ». Cette question peut paraître saugrenue, voire provocatrice, à l'heure où les hommes sont considérés plutôt comme « toxiques » qu'utiles. Je crois que pourtant l'utilité des hommes est une question clé du XXIe siècle. Car en réalité, la virilité existera toujours, au moins comme fait biologique : la question est le sens que l'on donne à ce fait. Pour reprendre les mots de Tocqueville parlant des aristocrates à la veille de la Révolution française, on pourrait dire que les hommes ont gardé aujourd'hui du pouvoir « ce qui blesse et non plus ce qui sert ». La force physique, qui est encore un apanage masculin, est devenue inutile à l'heure des nouvelles technologies. La paternité est évacuée de la filiation. La virilité, réduite à ses attributs sexuels les plus primitifs et les plus pauvres (comme par exemple dans l'exaltation de la performance sexuelle dans la pornographie), est déconstruite partout ailleurs dans la culture. Je crois qu'il est essentiel de redonner du *sens* à ce *fait* qu'est la différence des sexes, et donc de retrouver des applications culturelles à la virilité. C'est un enjeu majeur. ●

La force physique, qui est encore un apanage masculin, est devenue inutile à l'heure des nouvelles technologies. La paternité est évacuée de la filiation. La virilité, réduite à ses attributs sexuels les plus primitifs et les plus pauvres.

Limitologies

Par
Gautier Bès
Directeur adjoint de
la rédaction de *Limite*

Brenda & Philippe Paelinck

En 1954, Roland Barthes publiait ses premières *Mythologies*. Au fil de l'actualité, il y décortiquait quelques fétiches de la société industrielle. Moi, je voudrais faire plus simple : esquisser les traits d'une société écologique à travers quelques-uns de ses pionniers. Je donnerai la parole à des gens que j'aime et que j'admire, parce qu'ils nous montrent, concrètement, le chemin d'une société dans laquelle il ferait meilleur vivre. Bref, ni mythe ni utopie ici, mais de l'expérience et du vécu pour refaçonner nos imaginaires sans quitter le plancher des vaches. Une « limitologie » en actes.

« *Écoute, bûcheron, arrête un peu le bras !* » Au beau milieu du XVIe siècle, dans des vers célèbres, Ronsard s'était ému de la destruction d'une forêt qu'il aimait, près de Blois, peuplée d'innombrables merveilles : la forêt de Gastines. « Gastines », ou Gâtines, c'est-à-dire, étymologiquement, les terres gâtées, incultes, désertes : les mauvaises terres. 450 ans après le poète, un couple de Parisiens a pourtant fait le pari de cultiver en agroécologie l'une de ces « gastines », au nord d'Anet, le long de la route qui relie Mantes-la-Jolie à Dreux.

De fait, quand on arrive aux « Gâtines rouges », la ferme de Philippe et Brenda, ce n'est pas la désolation, mais au contraire une abondance de vie qui saute aux yeux : un superbe corps de ferme, des mares où se mirent

Qui êtes-vous ?
Un couple de néo-paysans, parents de 4 enfants.

D'où venez-vous ?
De la civilisation pétro-industrielle consumériste.

Où allez-vous ?
Vers une sobriété responsable et joyeuse.

Pour qui, pour quoi travaillez-vous ?
Pour les enfants des hommes ; pour partager notre espérance.

Votre vertu préférée ?
Brenda : La confiance.

Philippe : La fidélité.

Votre occupation favorite ?
Brenda : La rencontre, la discussion entre amis.

Philippe : Amener nos agnelles dans une nouvelle pâture.

Ce que vous appréciez le plus chez vos amis ?
La franchise et la fidélité.

Ce qui vous empêche de dormir ?
Brenda : Les tensions, la discorde, spécialement si elle est familiale.

Philippe : Que des plantes, animaux ou personnes, puissent être affamés, assoiffés, souffrants ou malheureux, sur la ferme.

Votre paysage préféré ?
Brenda : Le coucher de soleil à travers les pins des Gâtines rouges.

Philippe : Un lever de soleil sur une campagne bocagère.

Votre plante préférée ?
Brenda : La verveine citronnelle.

Philippe : L'ortie.

Votre animal préféré ?
Orval, notre petit border collie.

Si vous aviez un livre à conseiller, ce serait...
Brenda : *Il fallait Osée* de Christophe Henning, une merveilleuse parabole de l'amour divin.

Philippe : Je suis en train de lire *L'invention de la nature* d'Andrea le soleil, des chiens, des chevaux, des chats, des poules, des agnelles, des ruches, et partout des arbres fruitiers et de petites buttes de culture généreusement paillées. Au milieu de cette arche, Philippe et Brenda, que rien ne destinait pourtant à devenir paysans. L'héritage d'une tante, l'appel de *Laudato Si* et un plan social, ont poussé ces citadins à mettre les mains à la terre. Cent hectares de bois et de champs à revivifier, la permaculture comme méthode !

À leur arrivée, les « gastines » portaient bien leur nom : un désert biologique marqué par des décennies de monoculture intensive. Philippe, ancien directeur de la stratégie environnementale chez Alstom, décide de se lancer dans les grandes cultures. Après une première récolte piteuse, la ferme est repensée : polyculture, en association avec l'élevage, arrêt du labour mécanique, distribution en circuit-court... La transition vers le bio des cultures céréalières est difficile : il faut tout apprendre, tout reprendre. On n'artificialise pas impunément des sols pendant trente ans. Mais l'entraide du voisinage et, surtout, l'arrivée d'un jeune maraîcher, Jérôme, et de sa compagne,

Claire, ostéopathe, permettent de trouver un certain équilibre : la vente à la ferme de légumes bio rencontre rapidement un grand succès.

Le travail semble infini, le défi immense – montrer que l'agro-écologie peut à la fois assurer l'indépendance financière d'une famille et régénérer un éco-système – mais, à côtoyer Philippe et Brenda, on a de bonnes raisons d'imaginer qu'ils réussiront, à force d'intelligence et de persévérance, à faire des « Gâtines rouges » une oasis de verdure et de paix. Pour que dansent à nouveau les muses du vieux Ronsard ! ●

© D.R.

Wulf, écrit comme un roman, c'est l'histoire de la vie d'Alexander von Humboldt, un naturaliste, aventurier et géographe amoureux de la nature, qui comprit parmi les premiers que tout était lié et qui dès 1800 prédisait les changements climatiques causés par l'homme.

Si vous aviez une loi à faire adopter à l'Assemblée nationale, ce serait...

L'interdiction de nourrir les herbivores avec autre chose que de l'herbe !

Si vous deviez nommer un ministre de l'écologie, ce serait...

BRENDA : Pierre Rahbi !

PHILIPPE : Philippe Joubert, ex-patron de la branche Energie d'Alstom, patron visionnaire et pragmatique, très engagé sur la question climatique (cf. http://www.earthonboard.org).

Pour vous, en une phrase, l'écologie intégrale, c'est...

Se recevoir comme une créature infiniment responsable de la création.

La pensée ou la parole qui vous fait tenir bon ?

PHILIPPE : *Sursum Corda* ! [Haut les cœurs !]

BRENDA : Je suis aimée...

Un conseil à donner aux lecteurs qui voudraient changer de vie ?

Apprendre à recevoir ce qui nous est donné... Car on n'a qu'une vie, on ne peut pas en changer !

Le mot de la fin ?

BRENDA : Osons !

PHILIPPE : Présent !

Vous voulez découvrir comment on travaille aux « Gâtines rouges » ? Philippe et Brenda reçoivent des stagiaires en « wwoofing » (cf. app.wwoof.fr). Le potager des Gâtines rouges, 280 rue de la Bissonnerie, 28260 La Chaussée-D'Ivry.

Pourquoi les intellectuels s'engagent-ils ?

© Koshu Kunii - Unsplash

Politique

pages dirigées par Pierre Jova et Max-Erwann Gastineau

Max-Erwann Gastineau

Rédacteur en chef adjoint Politique

Les dîners en famille valent tous les grands débats. Prenez le dernier, lors de la Noël, avec mon oncle maternel, ancien chauffeur routier, Gilet jaune, comme ses enfants, dont le petit dernier, 10 ans, comme sa femme, ouvrière du travail à la chaîne. Gilets jaunes du centre-Bretagne, soudés, dignes et amoureux de leur terre, mais convaincus d'une chose: *« On nous prend pour des billes! »* Au cœur de cet échange, entre la dinde et le fromage, non pas l'élargissement de l'assiette sur laquelle devrait reposer la mise en œuvre d'une fiscalité plus juste et efficace, à même de stimuler l'activité. Non pas la TVA, mais un autre compteur: les 80 km/h. *« Les voitures ne sont pas faites pour rouler à 80 »*, rappelle mon oncle. *« À cette vitesse, on est coincé entre la 4e et la 5e, en sous-régime ou en sur-régime, donc on consomme plus. »* Propos limpide et qui amène une conclusion tout aussi limpide: entre l'économie de carburant et le respect des 80 km/h, il faut choisir!

Choisir ou, pis, plaider l'incohérence. Cette incohérence qui mine la confiance. Non parce qu'elle décevrait une promesse attendue. Non en raison de ce qu'elle révèle. Mais au contraire, en raison de ce qu'elle cache. Quand c'est flou, c'est qu'il y a un loup, résume le Gilet jaune. Réfractaire? Non, en quête de cohérence. Complotiste? Surtout en quête de vérité. Lorsque les annonces et les objectifs du gouvernement se croisent, une interrogation s'impose: où nous emmène-t-il? C'est la question du sens qui travaille le Gilet jaune. Le sens de l'action publique. Le sens de son inscription dans la Collectivité. Le sens qu'il a cherché et retrouvé en tissant du lien avec ses voisins en vue de porter, plus qu'une mesure, une volonté commune; un droit à exister comme membre d'une communauté humaine et non comme simple numéro matricule d'un foyer fiscal.

Il y a dans le ressenti des gens ordinaires une expertise cachée, relevant plus du vécu que de l'étude mais qui, loin des passions basses, se fait en raison, pour de

Délivrez-nous des faits !

bonnes raisons. Ces raisons qui devraient conduire à considérer avec davantage de mesure le diagnostic que ces mêmes gens portent sur l'état et le devenir de la Cité.

Le commentaire médiatico-politique aime opposer raison et émotion, ouverture et repli, optimisme et peur, modération et passion, vérité et ressenti. Les uns céderaient à l'irrationnel, aux affects et aux simplifications diffusées par les « fausses informations ». Les autres garderaient la tête froide, s'en tiendraient aux faits et aux enquêtes, lointains héritiers des Lumières qui, jadis, triomphèrent de l'obscurantisme. Comme si le cœur de chaque homme n'était pas assez grand pour s'enticher d'élans contradictoires, balbutier au rythme de nos tiraillements intérieurs…

Non, contrairement à ce que dit Christophe Barbier, éditorialiste à *L'Express*, se confronter au terrain ne pollue pas l'esprit. Non, l'intellectuel n'est pas « un tuteur sur lequel le peuple, comme du lierre rampant, peut s'élever ». Il y a dans cette manière de discourir l'expression d'une erreur typique de l'expert : se croire d'autant plus lucide que ses idées demeurent étanches aux intempéries.

« *La crise européenne prend ses racines dans un rationalisme qui s'égare* », écrivait Husserl dans les années 1930, appelant à relier science et quête de sens, raison et contemplation ; à comprendre que « crise des sciences » et « crise des valeurs » sont les deux faces d'une même pièce, les quatre murs d'une prétention enfermée sur sa propre suffisance ; celle qui oppose l'objectivité du scientifique à la subjectivité qui, pourtant, est à l'origine de sa propre démarche.

Entre la position de surplomb de Christophe Barbier et le « fétichisme du fait » des fact-checkers, nous plaiderons pour la troisième voix de l'engagement intellectuel théorisée par Paul-Louis Landsberg et brillamment présentée dans nos pages par Olivier Mongin. Que nous dit cette voix ? Que nous sommes tous traversés par des tentations contradictoires. Mais que c'est paradoxalement dans ces contradictions, signes de notre imperfection, que réside notre force. C'est parce que nous sommes imparfaits que nous cherchons de l'aide. Il y a dans le cri de l'homme qui regarde vers le Ciel une grandeur, une verticalité qui tire l'humanité par-delà les cimes de la fatalité.

Certes, les rapports et les études aident à mettre des mots sur des ressentis, à objectiver la crise écologique. Mais ils ne suffisent pas. Tant que l'homme ne ressent pas pleinement les conséquences de ce que la science valide, la raison n'y arrive pas. Enfermés que nous sommes dans ces bunkers de béton appelés « métropoles », nous n'avons souvent plus que la raison scientifique pour feindre d'entendre les gémissements de la faune et de la flore. Ainsi va l'humain. Loin des yeux, loin du cœur. Signes d'un désastre annoncé ?

« Tant que nous considérons qu'un arbre est une chose évidente, naturellement et raisonnablement crée pour qu'une girafe la mange, nous ne pouvons pas convenablement nous émerveiller devant lui, rappelle le grand Chesterton. C'est lorsque nous y voyons une vague prodigieuse du terreau vivant s'étirant vers les cieux sans raisons particulières que nous mettons chapeau bas au grand étonnement du garde du parc. » L'admiration, l'amour, la gratitude, une certaine candeur sont nécessaires pour entretenir un rapport vivant à la Création.

Ces éléments, tels que la gratitude ou la candeur, nous les avons tous en chacun de nous. Ils sont là, mais à l'état latent, prêts à éclore, à soutenir l'homme face aux tentacules de l'incommensurable. Comme l'écrivait Chateaubriand, dont Jean-Paul Clément dresse le portrait politique, l'homme est mortel, mais ses fins ne le sont pas. « La cause finale de l'homme a-t-elle été altérée par sa chute ? » Non, répond l'auteur du *Génie du Christianisme*. Preuve en est : « l'homme n'a pas été créé de nouveau », n'a pas été remplacé (pas encore du moins…). Tout dépend encore de lui et, dans son malheur, face au constat de la disproportion des moyens dont il dispose au regard de la tâche à accomplir, l'écologie est à sa rédemption. Car l'écologie pense la chute, mais n'y cède pas. Elle voit la fin, mais sait qu'on peut encore l'éviter. Sceptique, mais pas résignée. Elle désigne l'homme comme responsable et, le désignant, le sauve de nouveau.

C'est en regardant la nature, en contemplant les étoiles que le vrai marcheur trouve le chemin, se grise de la beauté du monde et prend conscience des legs du passé qui devront lui succéder. Comme le rappelle Jacques Julliard dans un entretien dense sur l'histoire de l'engagement intellectuel, l'écologie et le christianisme sont liés. Car tous deux appellent à répondre à l'essentiel : la question du sens. Cette question à laquelle la sacro-sainte objectivité ne saura jamais aussi bien répondre que la révolte du Gilet jaune et de l'éléphant, de la brise et de la veuve, de l'ange et du soleil. ●

Jacques Julliard

« Le monde chrétien est le seul qui soit essentiellement dirigé contre les valeurs de l'argent »

Historien et journaliste, auteur d'un dictionnaire des intellectuels et de nombreux ouvrages sur l'histoire des idées ou, plus récemment, d'un échange épistolaire avec Jean-Claude Michéa sur la gauche et le peuple, Jacques Julliard est une figure incontournable de notre vie intellectuelle. En cette fin de journée hivernale, au cœur d'un emploi du temps bien chargé – entre une émission sur France culture consacrée à la pensée de Bernanos et la réalisation d'un entretien sur la question européenne –, il a volontiers accepté de nous recevoir chez lui, dans le sud de Paris. Entouré d'une bibliothèque qui, du garage au séjour, tapisse les murs de sa propriété, sages témoins d'un lieu habité par la littérature, Jacques Julliard s'est attelé avec passion et solennité à répondre à nos questions, fidèle à ses grands maîtres. Bernanos bien sûr, mais aussi Pascal, Péguy, Simone Weil ; la foi dans la culture pour drapeau, l'exigence de vérité pour parti.

Propos recueillis par Max-Erwann Gastineau

Illustrations de Bertille Mennesson

Vous écrivez depuis de nombreuses années sur l'histoire des intellectuels. Comment les définir ?

Le mot intellectuel désigne deux choses différentes. Au sens large du terme, c'est une couche sociale en expansion. Dans un article paru à la fin du XIXe siècle sur les professions intellectuelles, Karl Kautski explique que le capitalisme a opéré une division des tâches, entre d'un côté ceux qui exercent les fonctions d'invention, de conception, et de l'autre ceux qui exercent des fonctions manuelles, d'exécution. Ce qu'observe très justement Kautski, c'est l'expansion d'un groupe, petit au départ et qui au fur et à mesure du développement industriel s'est accru. Il ne faut jamais oublier ça car lorsqu'on parle des intellectuels comme d'un petit groupe au sein duquel le nombre n'importe pas - où ce serait plutôt la qualité de chacun qui compte ; la personnalité, l'individualité –, c'est à l'intérieur d'un champ beaucoup plus large.

En France, à la fin du XIXe siècle, on compte plusieurs centaines de milliers d'« intellectuels » (dans la définition large de Kautski), c'est-à-dire de personnes ne travaillant pas de leurs mains, occupant des fonctions symboliques, dans l'enseignement, le journalisme, l'édition mais aussi la recherche, l'industrie, la distribution.

Au sens qu'a pris le mot « intellectuel » aujourd'hui, celui d'une petite somme d'individualités qui s'affirment en surplomb de la société, pour discourir et nourrir le rapport de leurs contemporains au monde, on s'accorde en général pour dire qu'il a été lui aussi inventé à la fin du XIXe siècle, et plus précisément en 1898, à partir du *Manifeste des intellectuels* en faveur de la révision du procès du Capitaine Dreyfus. Or il est employé bien avant ! Saint-Simon l'utilise dans un texte de 1821 pour développer l'idée d'une alliance organique entre ceux qu'il appelle les « industriels » (ou « industrieux ») et les « intellectuels ».

Pour lui, l'intellectuel est consubstantiel à la société nouvelle (moderne, industrielle) et donc fondamentalement distinct des classes dirigeantes anciennes pour lesquelles il a, sinon du mépris, du moins de la condescendance.

Un parti réunissant les « industriels » et les « intellectuels » Saint-Simon a donc inventé le parti des élites, le « gouvernement des meilleurs » ?

Au meilleur sens du terme, la technocratie, c'est-à-dire le gouvernement par les plus compétents, et non plus les mieux- nés ! J'ajoute que pour lui, les ouvriers, les cadres, les techniciens font partie de ceux qu'il appelle « les industriels ».

Le mot a également cheminé jusque dans les écrits de Balzac. En 1835, il écrit à Madame Hanska pour lui dire qu'il aimerait créer un groupe réunissant les « intelligentiels » : « *Je pense à [nous] faire appeler le parti des intelligentiels, nom qui prête peu à la plaisanterie, et qui constituerait un parti auquel on serait flatté d'appartenir. Chef de ceci, en France, cela vaut la peine qu'on y pense. [...] Rien ne résisterait à cette ligue armée* », écrit-il, la plume sortie du fourreau pour appeler à desserrer l'étreinte du pouvoir politique alors en place sous la Monarchie de Juillet. Ce « parti intelligentiel » cher à Balzac réunit les intellectuels, au sens où on entend le mot aujourd'hui, et le monde de l'édition, des revues. « *Un parti auquel on serait flatté d'appartenir* » : depuis les origines, intellectuel n'est pas seulement un mot de la sociologie, il a une connotation tantôt péjorative, tantôt méliorative, et parfois les deux, comme chez Sartre…

« Il y a ceux qui pensent que l'histoire a un sens, et aspirent à le suivre, et ceux qui se demandent où nous allons, et qui cherchent un sens. »
Jacques Julliard

Régulièrement, on parle de « crise des intellectuels », on diagnostique la « disparition des intellectuels », on regrette le « silence des intellectuels » où en est-on aujourd'hui ?

Tout le monde parle en effet de crise, de disparition, de silence… Tout le monde regrette Zola, l'époque de Sartre… mais on n'a jamais consommé de l'intellectuel autant qu'à notre époque ! Quantitativement du moins. Dans le monde de la presse, des revues, de l'édition… partout, dès qu'un problème se pose, un seul numéro s'affiche ; celui des intellectuels. Une crise au Venezuela ? Tiens ! faisons un sujet : les intellectuels et le Venezuela. Plus le nombre de chaînes d'information s'accroît, plus on débat, plus on cherche et on trouve des intellectuels. Il est d'ailleurs plus facile d'organiser des débats que de réaliser des enquêtes, cela coûte moins cher !

On remarque tout de même une grande mutation de l'intellectuel ! Les grands esprits universalistes, transcendant les disciplines, ont cédé le pas aux « intellectuels spécifiques », comme disait Foucault.

Certes, et c'est une nouveauté ! On observe de plus en plus d'intellectuels spécialisés au sein du champ intellectuel. Mais il existe toujours des intellectuels généralistes. Ils sont simplement moins prestigieux que jadis. Après la génération Sartre à gauche, Aron à droite… après la génération Derrida, Althusser, Foucault… il y a eu la période Bourdieu, qui fait un peu la suture avec l'époque suivante : l'ère des spécialistes… et depuis, aucun intellectuel n'a eu en effet la royauté qu'a pu avoir tel de ses prédécesseurs. Cela ne signifie pas qu'ils sont moins influents. Sartre faisait rayonner le nom de la France, mais il était sans influence sur ses gouvernements. Bernard-Henri Lévy a eu plus d'influence sur la politique étrangère française que les grands intellectuels de l'ère dite « existentialiste ».

Lors de la dernière campagne présidentielle, les intellectuels ont paru effacés, en retrait.

Je crois que cela est dû au fait que le débat intellectuel n'est plus indexé sur le clivage gauche-droite. Ce clivage historique électrisait les échanges, polarisait les antagonismes, réveillait les imaginaires, et donc stimulait les débats théoriques.

J'ai longtemps pour ma part espéré vivre une période où je n'aurais plus à me définir par rapport à ce clivage. Eh bien je pense que nous y sommes ! Cette époque est presque arrivée.

Pourtant le débat continue ! Les antagonismes, les débats, les idées, les invectives, les barricades n'ont pas disparu…

Le clivage gauche-droite ne disparaîtra jamais vraiment de la politique, car il est fondateur de la démocratie ; pour autant que la démocratie repose sur l'alternance… Toute société a une gauche et a une droite. Réunissez une assemblée de colocataires d'un immeuble. Vous verrez bientôt affleurer un clivage à connotation idéologique ! Macron a cependant enrichi le débat en montrant que ce critère était contrarié, contesté, coupé de manière orthogonale par l'autre grand clivage entre progressistes et conservateurs.

Que revêt ce clivage ?

Il y a ceux qui pensent que l'histoire a un sens, et aspirent à le suivre, et ceux qui se demandent où nous allons, et qui cherchent un sens. Il y a ceux dont la certitude est qu'il existe une dynamique de l'histoire, sans toujours en connaître les aboutissants, et ceux qui, au fond, restent attachés à des positions plus fondamentales, qu'on pourrait qualifier de « conservateurs », bien que peu d'intellectuels avouent l'être.

> *« Écartés des responsabilités, les intellectuels n'ont pu exercer leur art qu'au sein d'un seul et unique ministère : le ministère de l'opinion publique. »*
> Jacques Julliard

Macron a donc raison ! Le vrai clivage se situe entre les conservateurs et les progressistes ?

Ce n'est pas nouveau. Ce qui est nouveau, c'est qu'il s'avoue.

Le mot « conservateur » est désormais au cœur de la pensée de beaucoup d'intellectuels, notamment de droite, mais aussi de gauche. Le fait que la gauche ait intégré en son sein un parti dont le programme est d'empêcher la destruction de la nature – je veux parler bien sûr de l'écologie - le prouve. Il est fondamentalement conservateur, et c'est très bien ainsi !

Ce « pôle conservateur » a toujours existé. Il est juste aujourd'hui en train de s'affirmer, à travers l'écologie, mais pas exclusivement. On le perçoit également à travers une certaine vision du peuple ; pour qui le peuple serait, au fond, une masse stable, attachée à un certain nombre de symboles, d'habitudes, de coutumes, de valeurs, bousculées par la mondialisation et le progrès technique… Cette vision du peuple correspond pour partie au mouvement des Gilets jaunes.

En résumé, je dirai donc que l'écologie et un certain « populisme » constituent les deux jambes de ce « nouveau » conservatisme transcendant le clivage gauche-droite et s'opposant au progressisme ; à l'idée – très présent à la Libération avec les marxistes mais aussi des socialistes, des chrétiens – selon laquelle l'Histoire ne serait que le déroulé d'un vaste mouvement tendant vers l'émancipation du genre humain, la reconnaissance de l'homme par l'homme.

Un autre clivage a vu le jour avec les Gilets jaunes : celui opposant « France d'en haut » et « France d'en bas ». Ce clivage a cristallisé autour du rejet des médias. Que nous dit ce rejet du rapport entre le citoyen lambda et l'« expert », l'homme qualifié pour analyser et tenir un discours sur la cité ?

Aux origines des mouvements populistes, il y a toujours une critique des intellectuels. Et l'intellectuel aujourd'hui, par excellence, c'est le journaliste ; celui qui donne l'information et qui la commente. Cette critique contient son lot de méfiances, de complots… qu'il faut savoir combattre, car contrairement à ce que les gens croient, l'information, ce n'est pas quelque chose de facile à obtenir ! La pensée naïve s'imagine qu'on ramasse l'information comme des framboises le long d'un chemin. C'est faux ! L'élaboration de l'information demande une délibération, une enquête, des moyens, une formation… Les gens croient que la réalité s'impose d'elle-même et que les médias, manipulés qu'ils sont par les puissants, refuseraient d'en rendre compte. Je ne dis pas que les manipulations n'existent pas. Il n'y en a jamais eu autant. Mais tâchons de raison garder, et souvenons-nous de ce que disait Alain : « *Il faut être bien savant pour saisir un fait.* » Pour lire le réel, il faut toujours, au préalable, savoir chausser des lunettes. On ne peut pas faire comme si un fait s'imposait à chacun de nous de la même manière. Les faits résistent aux désirs de simplification. Les lire pour les dire, c'est forcément accepter d'intégrer un prisme, baisser la tête, s'incliner avec humilité devant nos limites…

L'objectivité n'existe pas, très bien. Mais qu'est-ce donc que le fact checking, sinon une manière d'opposer l'objectivité du fait à la subjectivité de l'interprétation ?

Il y a en effet un paradoxe. D'un côté, on rappelle que l'information passe toujours par un filtre interprétatif et donc que le journaliste ne saurait y échapper. De l'autre, avec le *fact checking*, on oppose les faits à des interprétations, comme si elles étaient par essence jugées illégitimes. Je pense que le *fact checking*, le développement des « décodeurs » est une conséquence de la suspicion qui pèse aujourd'hui sur l'information ; une tentative de dépasser le caractère nécessairement subjectif du recueil et de la transmission de toute information.

On range souvent le complot du côté de l'irrationnel. N'est-il pas au contraire le produit d'une effrayante rationalité, la conséquence d'un désir fou de tout comprendre, comme si tout pouvait être passé au peigne fin de la logique ?

Il n'y a rien de plus insupportable à la pensée humaine que de se résoudre à l'idée que certaines choses, demeurent, au moins pour un temps, inexplicables. Or, l'esprit scientifique consiste à admettre qu'on ne peut pas tout expliquer, part du refus de l'idée d'une cause première à tout ; autrement dit :

Dieu. Lorsqu'une pomme tombe par terre, Dieu n'en est pas la cause. Il n'y a pas de dieu de la chute des corps.

Il faut se garder de l'impatience de croire que tout pourrait être expliqué et décrit aussi clairement que sur une notice. Le complot ne relève pas du désir de comprendre, mais d'une forme d'arrogance. C'est une interprétation cachée. C'est une révolte naïve contre la finitude du monde connaissable.

L'esprit scientifique écarte, par principe, tout ce qui n'a pas été démontré, validé empiriquement. Rassasiés de statistiques et d'études, ne manquons-nous pas aujourd'hui d'interprètes, de penseurs pour donner du sens, y compris au plus plat ressenti des gens ordinaires ?

Le rôle de l'intellectuel par rapport au scientifique est, en effet, de poser des questions qui n'ont pas de réponses. Et de dire : ce n'est pas parce qu'il n'y a pas de réponse que ce n'est pas une vraie question. Il y a des choses qu'on écarte un peu vite d'un revers de la main, qui relèvent de l'auto-suggestion ou du spiritisme, de « fausses sciences » mais dont on s'aperçoit parfois, après coup, qu'il s'agit de vrais phénomènes que par paresse ou par dogmatisme la science refuse de prendre en compte. Le scientifique est par définition hostile au ressenti. Pourtant, il existe. Il est une dimension importante de la nature humaine. Bien que dépourvu d'instruments de vérification, le ressenti des gens doit entrer dans la balance lorsque nous prétendons analyser les problématiques de fond qui travaillent les sociétés humaines.

Pourquoi ce défaut de prise en compte du diagnostic porté par les classes populaires sur leur propre condition d'existence dans les grands médias ?

Je tiens tout d'abord à dénoncer un mauvais procès fait à la presse. Il n'y a pas d'uniformité du commentaire journalistique ou éditorialiste. Le pluralisme existe dans la presse de nos sociétés libérales. En revanche, le commentaire des éditorialistes souffre d'un défaut majeur : l'absence d'auto-critique. Cette arrogance, ce détachement vis-à-vis du réel, cette « irresponsabilité » trouve sa source dans notre histoire. Elle tient au fait que les intellectuels ont été longtemps tenus écartés du pouvoir, qu'il fut monarchique sous l'Ancien régime ou républicain. Écartés des responsabilités, les intellectuels n'ont pu exercer leur art qu'au sein d'un seul et unique ministère : le ministère des masses, autrement dit de l'opinion publique. C'est du reste l'analyse que donne Tocqueville en guise d'explication à l'avènement de la Révolution française. En laissant les intellectuels en tête à tête avec le peuple, le pouvoir s'est donné les verges pour se faire battre.

Dans ce monde de défiance, le rôle de l'intellectuel chrétien n'est-il pas de jeter des ponts entre la vie concrète des gens et la pensée?

Je ne sais pas si l'intellectuel chrétien, pour autant qu'il en existe encore en tant que tel, puisse tenir un rôle. Mais il est le seul capable de faire germer dans les esprits l'idée d'une véritable remise en cause du monde dans lequel nous vivons. Le seul adversaire solide et durable de la société de consommation, de la société matérielle et matérialiste dans laquelle nous vivons, c'est lui. Dans le monde tel qu'il est aujourd'hui, presque plus personne ne remet en cause dans son principe même le primat de la technique et la nécessité d'accroître sans cesse la richesse. Même chez les gens qui continuent de se réclamer de l'idée socialiste il n'y a de véritables critiques des fins de la société matérielle. Il n'y a que les écologistes qui, d'une certaine manière, se rapprochent de l'intellectuel chrétien.

Que nous disent les écologistes au fond? Que nous n'avons pas créé la nature, qu'elle ne nous appartient pas mais que nous devons en prendre soin, la respecter en elle-même, pour ce qu'elle est. Une telle pensée prend le contre-pied de la pensée libérale et marxiste et d'une certaine pensée chrétienne; celle de saint Paul, qui disait: *« Le monde est à vous, vous êtes au Christ, et le Christ est à Dieu. »* Il y a eu une vision technologique propre au Christianisme. Nombre d'historiens des techniques l'ont montré. Sans la pensée chrétienne, nous ne serions pas passés du monde de la science au monde de la technique, du monde de l'analyse empirique au monde de la transformation raisonnée de la nature.

> *« L'intellectuel chrétien est le seul capable de faire germer dans les esprits l'idée d'une véritable remise en cause du monde dans lequel nous vivons »*
> Jacques Julliard

Ce n'est que dans un deuxième temps qu'une pensée plus « réaliste », inspirée par Aristote et saint Thomas, se délestant du progressisme platonicien, va se développer pour redonner ses droits à la nature, au donné. Longtemps du côté du progressisme, la pensée chrétienne s'est donc déplacée. Elle tend désormais à rappeler les droits du donné sur le construit, de la nature sur la culture, du divin sur l'humain… prenant à rebours l'ivresse du construit dans lequel continue de baigner le progressisme, non sans une certaine influence. Prenez la différence des sexes. Que dit la pensée progressiste? Que le sexe n'est pas un reçu de la nature mais une pure construction sociale et donc un matériau malléable. Cette pensée est l'héritière du scientisme rationaliste qui fait de l'homme le maître et possesseur absolu de la nature; l'acteur d'une transformation sans limite de son environnement, et de lui-même. C'est le vertige prométhéen.

L'homme n'est-il pas condamné à se voir d'autant plus libre qu'il transforme la nature, le donné?

Pour ma part, je pense que l'homme a reçu sa nature de Dieu, non pas pour en faire un mauvais usage ou pour l'abolir, mais pour l'améliorer. Et force est de constater que marxisme, libéralisme et christianisme, toutes les grandes familles intellectuelles de l'Occident, ont convergé dans ce sens. C'est la prise de conscience écologique qui produit aujourd'hui un effet rétroactif sur toutes les grandes pensées de l'Occident, les oblige à se repenser.

Comme je l'ai dit précédemment, la pensée chrétienne elle-même évolue, même si, d'une certaine façon, elle demeure du côté du progrès. Et ce pour une raison simple, spécifique au christianisme: la place qu'elle accorde à l'homme. Le christianisme fait la coupure entre l'homme, fait à l'image de Dieu, et la nature, qui lui a été donnée. Ce qui ne veut pas dire que la nature doit être méprisée mais jamais le christianisme n'acceptera – c'est ma conviction – l'idée d'une continuité absolue des espèces (entre l'homme et l'animal par exemple). L'homme est un être spécifique. Dès lors qu'il l'est et que la nature lui a été donnée, se pose la question du « que faire? » Que faire de la nature? On connaissait la réponse de Descartes. On connaît désormais la réponse des écologistes.

La pensée chrétienne entre en résonance avec la question écologique, mais manque paradoxalement de grands intellectuels, disiez-vous…

Le grand mouvement de déchristianisation de la France, qui a probablement commencé à la fin du XIXe siècle et qui a déferlé tout au long du XXe, s'est accompagné d'un phénomène allant en sens inverse: l'invention d'une littérature chrétienne. Quand la France était en chrétienté les écrivains n'étaient pas « chrétiens ». Cela allait de soi! Corneille était jésuite. Racine janséniste. Tous deux étaient évidemment chrétiens! C'est lorsque le monde européen a cessé d'être chrétien que s'est posée la question d'une littérature chrétienne. On a vu autour de Léon Bloy, de Barbey d'Aurevilly… tout un milieu, une matrice proprement chrétienne qui n'existait pas autrefois en tant que tel s'affirmer et donner ces immenses écrivains que furent Péguy, Claudel, Simone Weil, Bernanos, Mauriac…

Que serions-nous sans eux? La littérature non-chrétienne en ce début de XXe siècle, hormis Proust et quelques poètes (Apollinaire, Aragon…), était bien fade. Écoutez Claudel dire de Gide: *« Il croit être simple parce qu'il est plat. Il croit être classique parce qu'il est blafard. C'est un clair de lune sur un dépôt de mendicité »* quelle verve, quel souffle! Malgré leurs différences, ils avaient tous en commun cette extraordinaire floraison stylistique, ce flamboiement de la langue…

Le style simplement ?

Le ton plus que le style ! Parce qu'ils se voyaient comme des écrivains d'opposition, à contre-courant de la société, ils ont tous éprouvé, à différents moments, le besoin d'une littérature d'interpellation et de flamboiement. C'est cela qui les rend passionnants ! Ils s'adressent à l'individu, à sa conscience, à son âme, à ses sentiments, à ses aspirations, à ses faiblesses, à sa soif d'infini… « J'écris ce livre pour moi et pour vous, commence Bernanos dans *La grande peur des bien-pensants*. Pour vous qui me lisez. Oui vous, pas un autre. Vous vous-même. J'ai juré de vous émouvoir, d'amitié ou de colère qu'importe. Je vous donne un livre vivant. »

c'est la déchristianisation qui a, par contrecoup, suscité la génération des grands révoltés chrétiens. Le dernier que j'ai connu personnellement, c'est Maurice Clavel. C'était un philosophe de l'être et non de l'avoir. Comme Simone Weil, il a été à un moment de sa vie, comme soulevé, emporté en dehors de lui-même, par une présence soudaine… celle du Christ. Voyez saint Paul ! Cela rappelle une chose essentielle : ce ne sont pas les hommes qui ont l'initiative, mais Dieu ! Et à ce titre, je pense qu'une des capacités qui manquent le plus à l'homme d'aujourd'hui c'est celle d'être ouvert à la nouveauté, à l'inattendu, à ce qui le dépasse.

Cette volonté de tout vouloir maîtriser, de vouloir tout transformer, cette espèce de volontarisme absolu empêche l'homme d'aujourd'hui d'accueillir l'inattendu, le scandaleux, le bouleversant, l'ineffable. Puisque tout dépend de lui, il croit que tout

Pourquoi ce « moment » ne fut-il qu'un moment, et n'a pas fini par « faire école » ?

Je me le demande… Péguy fut le plus grand de tous, en tout cas le plus philosophe. Il disait tout lorsqu'il invitait ses contemporains à comprendre qu'au fond, l'ennemi, était le « monde moderne ». Le monde chrétien ou christique est le seul qui soit essentiellement dirigé, s'il a conscience de lui-même, contre le monde moderne, contre les valeurs du monde moderne, c'est-à-dire les valeurs de l'argent. Comme disait Gabriel Marcel : *« Les valeurs de l'avoir contre les valeurs de l'être »*. Toute cette littérature est un grand mouvement de protestation, de surgissement de l'être contre l'avoir.

Pourquoi cette littérature n'a-t-elle pas eu de successeurs ? Un sociologue trouverait réponse dans la déchristianisation du pays. Certes ! Mais cette explication ne suffit pas. Comme je l'ai dit précédemment,

émane de lui. Cet anthropocentrisme l'égare…

Derrière les réalités physiques du monde, il y a autre chose. Tel est au fond le message que l'intellectuel chrétien cherche à transmettre au monde ?

Il y a l'aventure de tous les possibles. Il y a l'ouverture au monde qui passe par une certaine humilité. Dieu nous aime d'un amour humble, non d'un amour triomphaliste. La spécificité du Christ, c'est qu'il ne nous aime pas triomphalement. Il ne nous impose pas son amour. Il le propose. Et d'un point de vue philosophique, cela signifie qu'il faut être ouvert à quelque chose qui nous attend, dont nous sentons le besoin et que nous ne connaissons pas. L'arrogance des médias, du scientifique, du peuple, nous égare. C'est l'humilité qui sauve.

Paul-Louis Landsberg

L'éloge de la personne imparfaite

Ancien directeur de la revue *Esprit* de 1988 à 2012, Olivier Mongin nous présente ici la pensée d'un auteur méconnu, philosophe juif allemand converti au christianisme et compagnon de route d'Emmanuel Mounier. Entre la vision chimiquement pure de l'intellectuel partidaire et la position de surplomb du théoricien, Landsberg plaida pour une forme d'engagement plus « humaine », laissant place au doute, qui ne cesse d'interroger l'esprit libre sur les finalités de ses propres engagements.

Par Olivier Mongin

Illustration de Nicolas Pinet

C'est en 1937 que Paul-Louis Landsberg publie dans la revue *Esprit*, récemment créée en 1932, un texte qui va devenir un manifeste « Réflexions sur l'engagement personnel » et peser sur les débats internes au mouvement personnaliste. Le mieux est d'en extraire d'emblée quelques passages significatifs : *« Jeté dans un monde plein de contradictions chacun de nous éprouve le besoin de se retirer du jeu, et de se mettre à l'écart sinon au-dessus des événements,* en spectateur détaché. » Une telle position de surplomb, celle de la belle âme ou de la fuite dans une spiritualité individuelle est illusoire : *« Notre existence humaine est tellement impliquée dans une attitude collective que notre propre vie ne peut jamais gagner son sens qu'en participant à l'histoire des collectivités auxquelles nous appartenons. »* Mais cette responsabilité personnelle ne signifie pas qu'il est possible de s'engager pour des causes parfaites, il n'y a de cause qu'imparfaite, encore faut-il avoir la conscience de cette imperfection : *« C'est par une telle conscience de l'imperfection que la fidélité à une cause se trouvera préservée de tout fanatisme, c'est-à-dire de toute conviction de vivre en possession d'une vérité absolue et intégrale. »*

Si Paul Ricoeur, qui n'est pas un adepte des jugements hâtifs, a pu écrire que la réflexion de P.L. Landsberg « tient à l'histoire et à la pensée du mouvement *Esprit* presque autant qu'Emmanuel Mounier », c'est qu'elle en appelle à un engagement « personnel » qui trouve son sens dans une histoire imparfaite qui exige de participer à l'humanisation du monde. Ce n'est pas un hasard si, dans *Problèmes du personnalisme*, Landsberg mettra moins l'accent sur les ressorts de la doctrine personnaliste que sur l'engagement de « la personne » issue du courant personnaliste. Non sans écho, Ricoeur s'en prendra des décennies plus tard à « *l'isme* » du personnalisme pour mieux valoriser la personne.

Les guerres du XXe siècle

Comment comprendre alors cette valorisation de la personne qui appelle l'engagement tout en mettant l'accent sur la part de vulnérabilité et la fragilité de l'humain?

Tout d'abord, la méditation de Landsberg accompagne un long exil politique qu'il faut rappeler: professeur de droit puis de philosophie à l'université de Bonn, il milite contre le nazisme et quitte l'Allemagne le 1er mars 1933, quelques jours avant la prise de pouvoir par Hitler; il enseigne ensuite à Barcelone et à Santander où la guerre civile espagnole l'oblige à rejoindre la France où il s'agrège à l'équipe de la revue Esprit; après l'armistice, il se réfugie à Pau puis à Lyon, il est arrêté puis déporté au camp d'Oranienburg où il meurt d'épuisement le 2 avril 1944. Alors que nombreux sont les membres de l'équipe d'*Esprit* qui optent pour une approche pacifiste avant la Deuxième Guerre, la confrontation personnelle de Landsberg au nazisme et au franquisme le pousse à prendre en compte ce que Jan Patocka (le rédacteur de la Charte 77 – pour 1977 – à Prague avec Vaclav Havel) appellera les « guerres du XXe siècle » dans le contexte du stalinisme. Pour Landsberg, l'homme n'est jamais en paix, la menace de la guerre et de la violence est toujours là, c'est pourquoi parler de « cause imparfaite » revient à affirmer qu'on ne peut jamais atteindre « utopiquement » un état de paix définitif. Reconnaître la guerre (présente ou à venir) ne conduit pas à sombrer dans un éloge de la guerre mais à penser la paix en lien avec la guerre et surtout pas comme « fin » de la guerre. « *Lorsqu'on adopte, écrit-il dans* Problèmes du personnalisme, *la perspective qui est la notre sur les nécessités tragiques de la situation actuelle, on doit s'inspirer d'un savoir clair sur le contenu de l'idée de paix. […] La paix n'est pas la négation de la guerre mais une idée essentiellement positive, idée jamais parfaitement réalisable dans l'histoire.* » Car l'histoire est tragique. Le bien et le mal sont consubstantiels à notre humanité. Comment dès lors prétendre instaurer un état de paix perpétuelle, prélude à la fin de l'histoire? Le conflit est en chacun de nous et donc entre nous, entre les hommes. Faut-il pour autant s'y résoudre? Ce serait démissionner. Pour Landsberg, penseur de l'engagement, cynisme et pacificisme sont les deux faces d'une même pièce: un appel à se désengager du monde.

Les états de paix de la personne

Engagée dans des conflits de nature historique, la personne – qui n'est donc pas une monade repliée sur elle-même – est décidée entre des forces spirituelles et biologiques qualifiées de force du haut et de force du bas. Grand ami de Landsberg, qu'il a accueilli à Lyon durant la guerre, Jean Lacroix a bien montré que la personne est chez lui une figure en devenir doublement extatique: elle est tirée à la fois par des forces biologiques et par des forces spirituelles, et elle est tournée simultanément vers un corps épris de ses pulsions (cette altérité en soi) et vers un corps tourné vers Dieu (l'Altérité créatrice). « *Il est vrai que le moi peut éprouver des frissons d'angoisse et des sentiments analogues à l'approche de ces deux forces, celles d'en bas et celles d'en haut, ou en tout cas d'une force essentiellement vitale et d'une force essentiellement spirituelle*[1]. » Cette oscillation entre les forces du bas et les forces du haut n'est pas sans éclairer deux des textes essentiels de Landsberg, *L'Essai sur l'expérience de la mort* et *le problème moral du suicide*[2], où la mort aspire vers le bas (l'angoisse, la peur qui peut conduire au suicide) ou vers le haut (la pensée mystique qui de saint Augustin aux mystiques espagnols et à sainte Thérèse passionne Landsberg) font de leur expérience un dépassement de la mort. Avec le suicide, la mort tire vers le bas de la souffrance inadmissible et insupportable : « *Ce qui est faux, ce n'est pas la lutte contre la souffrance, mais l'illusion de pouvoir l'anéantir* »; avec l'expérience mystique, la mort est

La paix n'est pas la négation de la guerre, mais une idée essentiellement positive, idée jamais parfaitement réalisable dans l'histoire.

comme dépassée dans une expérience qui est celle d'un christianisme accompli : « *En vérité, l'homme ne peut pas aimer la mort pour la mort. Il ne peut aimer la mort que si elle est transformée en un état qui n'est plus la mort. Le vrai amour de la mort ne peut être qu'une forme de l'amour de Dieu.* » Dieu ne vient pas remembrer l'homme, il n'est qu'un aveu de ses faiblesses.

Si le personnalisme de Landsberg se veut chrétien, c'est qu'il est hanté par la mort mais veut croire qu'il est possible de faire de « l'être au-delà de la mort » un « être pour la vie ». Pensée inquiète et inquiétante, la pensée engagée et tragique de Landsberg, en cela très proche de « l'engagée » Simone Weil, est dérangeante. Mais elle permet mieux que d'autres aujourd'hui de saisir que notre imperfection est aussi une force où puiser des engagements à même d'humaniser le monde. ●

---

1. P.L. Landsberg, cité par Jean Lacroix, in *Le personnalisme*, Ed. Chronique sociale, Lyon, 1981, p. 81/82

2. Ces deux textes ont été publiés au Seuil (préface de Jean Lacroix, postface d'Olivier Mongin). Landsberg remercie Pierre Klossovski, plus proche d'un Bataille que d'un Mounier, de l'avoir aidé à écrire ce texte.

Reportage

Gilets jaunes et médias : « Je suis venu te dire que je te hais »

À l'heure où nous réalisons ce reportage, les derniers Gilets jaunes engagés s'affairent sur les ronds-points pour tenter d'entretenir la flamme des premiers jours. Convaincus que le « grand débat » organisé par le Gouvernement enterrera les espoirs nés du plus grand mouvement populaire français depuis 1968, ces Gilets jaunes nous content leur amertume, notamment envers les médias, accusés d'avoir trop longtemps cherché à minimiser les maux de la France oubliée. Retour à Poitiers et à Metz sur l'expression et les sources d'une colère.

Par Laurent Ottavi, Anaïs Aït Mansour, Jeanne Fonmarty, et Max-Erwann Gastineau

© D.R.

Des ronds-points de la région de Poitiers aux abords de Metz, terrains amarrés à la cité périphérique française, sourd la même contestation. Ici, les trois lettres du Référendum d'Initiative Citoyenne, « RIC », forment l'ultime étendard. Trois lettres qui permettraient de passer outre les « experts » dont l'ordinateur fait depuis trop longtemps « écran » à la vie des gens ordinaires.

D'abord centrée sur la question fiscale, la révolte des Gilets jaunes s'est muée en espérance de « reconquête démocratique ». Parmi les Gilets jaunes que nous avons rencontrés, le sentiment de dépossession et de non-représentation est central. Il sert de ferment à une révolte dont le monde médiatique peine à comprendre qu'elle ne se traduise en une somme de revendications. Comme tout sentiment populaire, le mouvement se révèle d'abord à l'état liquide, évanescent et donc difficilement saisissable… jusqu'au jour où, sous le feu du bouillonnement social, il finit par condenser, formant le nuage de colère qui, comme ici en Lorraine et dans le

Poitou, porte les mouvements qui font l'histoire.

Les manifestants que nous avons rencontrés sont très souvent, de leur propre aveu, « apolitiques » ou des déçus de la politique. Nombre d'entre eux n'avaient jamais manifesté. Employés de la fonction publique, infirmiers, professeurs des écoles, postiers, étudiants ou encore ambulanciers, ils se définissent en opposition à une cette France d' « en haut », « déconnectée » selon le mot de Frédéric qui brandit avec sa femme une pancarte sur laquelle on peut lire : « *Reprenons le pouvoir sur la finance* », Expression d'une France opposée à une autre qui « ne les comprend plus ».

Un micro pour l'audimat

Les critiques des Gilets jaunes messins et poitevins mêlent, sans toujours beaucoup de discernement, médias, politiques et financiers. Car « *les médias ne sont que la voix de leurs maîtres!* », dixit Jean-François, syndicaliste. Kamel, un retraité, abonde en ce sens : « *Quand 10 millionnaires détiennent quasiment 90 % des groupes médiatiques, il est compliqué de croire en la liberté de la presse.* ». À leurs yeux, tout cela forme une oligarchie qui « *n'a que du mépris pour le peuple.* » À l'encontre des éditorialistes, les commentaires sarcastiques des Gilets jaunes fusent. Et l'on se demande avec eux : comment se fait-il qu'une telle diversité de journaux, de chaînes d'information ou de stations de radio n'aboutit qu'à l'étalement triomphal d'une forme d'esprit du temps ?

Dans la ligne de mire de ces manifestants : le manque de pluralisme, la course à l'audimat, la chasse au « complot » qui élude des questions de fond, l'indulgence pour Emmanuel Macron et, surtout,

> « *Quand 10 millionnaires détiennent quasiment 90 % des groupes médiatiques, il est compliqué de croire en la liberté de la presse.* »
>
> Kamel

l'indifférence, voire le mépris, qui a caractérisé certaines analyses… Les chaînes d'informations en continu sont les plus visées par les critiques. Elles catalysent tout ce qu'ils détestent : images de violences passées en boucle ; commentaire de l'« expert » bien installé, triant du haut de son promontoire le bon grain de l'ivraie ; désintérêt pour les revendications et motivations concrètes des gens. L'insurrection des Gilets jaunes a été essentiellement pacifique, insistent-ils, rappelant, encore tout étonnés d'en avoir été les témoins directs, la fraternité, l'amitié, l'entraide qui a régné tous ces mois sur les ronds-points de leur chez-soi.

Si les médias ont cette fois-ci ouvert leurs micros, invité des Gilets jaunes sur les plateaux de télévision, c'est uniquement en raison, selon Karl, manifestant lorrain, des faveurs qu'avait le mouvement dans l'opinion publique. L'audimat a ses raisons que les grands médias ne sauraient ignorer… Ce Gilet jaune n'est guère optimiste pour l'avenir. Il sent poindre la sentence, fataliste : le « grand débat » n'aura été qu'une manière de permettre à l'astre Jupiter d'éclipser la surface de la plèbe.

Les mots pour le dédire

Si les Gilets jaunes rencontrés mettent souvent toutes les élites (politiques, médiatiques, universitaires…) dans le même sac, ils n'en font pas moins la part des choses entre les journalistes. Yann, un des « organisateurs » des manifestations de Gilets Jaunes en Lorraine, estime ainsi qu'il faut dissocier les « *petits journalistes, les pigistes, ceux qui viennent sur le terrain pour recueillir l'information et faire leur travail* » des « *intervenants et commentateurs des plateaux télé* » qu'il assimile plus à des « *essayistes* » (sic). « *Dans la vie*, dit-il, *ils n'ont jamais rien essayé, mis à part derrière un clavier !* »

La fracture « France d'en haut » – « France d'en bas » s'exprime aussi à travers le langage. À Poitiers, Luc, un ancien électricien à la retraite, reproche aux « experts » des plateaux de télévisions d'« *utiliser des mots que personne ne comprend et de faire des analyses philosophiques qui, en définitive, nous éloignent des vrais problèmes* ». La récupération par ceux qui sont au cœur du système, avec leur jargon technique, lui est écœurante : « *Ils essaient de nous expliquer les revendications des Gilets jaunes par des analyses dans lesquelles personne ne se retrouve.* » Au point de rendre abstrait ce qui n'est au fond qu'une tentative de remettre du réel, du vivant, du percutant, du vécu sur la scène publique et au cœur du débat politique.

Contrairement à ce que nous pourrions croire, les manifestants rencontrés à Poitiers et à Metz sont en demande de médias. Ils sont d'ailleurs les premiers à chercher une information de qualité. S'ils sont nombreux à regarder les journaux télévisés en rentrant du travail, c'est plutôt aux réseaux sociaux qu'ils recourent, comme *Facebook* et *Twitter*, pour en savoir davantage. Certains avouent aussi prendre connaissance d'articles paraissant dans des médias dits « alternatifs », comme *le Média* ou *RT France*…

> Les manifestants rencontrés sont en demande de médias. Ils sont d'ailleurs les premiers à chercher une information de qualité.

La presse locale, pas épargnée

La plupart des manifestants poitevins, malgré le distinguo qu'ils opèrent entre journalistes d'en haut et pigistes, ont été blessés par la manière dont la presse locale a rapporté les manifestations des Gilets jaunes. Les portraits parus dans les pages locales n'auraient précisé l'orientation politique de ces personnalités que lorsqu'elles se disaient sympathisantes du Rassemblement national (RN). Une manière grossière de les diaboliser. D'autant plus fallacieuse que les figures de proues du mouvement à Poitiers étaient plutôt proches du parti La France Insoumise (LFI). Les manifestants critiquent aussi le peu de temps accordé dans les journaux télévisés locaux aux Gilets jaunes, par rapport à d'autres sujets jugés plus futiles ; ou le fait que ne soient invités à s'exprimer en plateaux que des Gilets jaunes peinant à exprimer clairement les revendications de la base.

Cédric, manifestant de la première heure, reproche par exemple à *France Bleu Poitou* d'avoir passé systématiquement « *en bruit de fond dans leurs reportages le son des grenades et des violences des manifestations parisiennes.* » La populace en arme menace la concorde civile, on ne s'y prendrait pas mieux pour effrayer la quiétude des destins assurés…

Autre critique adressée : vêtir l'anecdotique des oripeaux du symptomatique. En décembre dernier, un article de la presse locale relaye le récit ubuesque d'un habitant de Croutelle (Vienne) à l'encontre des Gilets jaunes. L'homme explique au journal que face à l'accroissement des automobilistes traversant sa commune, il doit raccourcir la laisse de son cocker pour qu'il ne se fasse pas écraser par les voitures. Terrible enjeu. L'anecdote ne dit pas de quelle couleur est la laisse. Toutefois, quand ceux qui ont décidé de porter le gilet lisent de telles nouvelles, nul doute que c'est le rire, alors, qui devient jaune…

Quatrième pouvoir pour les uns, contre-pouvoir à construire pour les autres, la place du journalisme dans les démocraties a toujours fait débat. Dans un climat de défiance généralisé, sa position n'est pas simple. Elle témoigne du rapport complexe qu'entretient une profession dont le rôle - informer - l'inscrit nécessairement dans un rapport vertical vis-à-vis d'un peuple plus que jamais en quête de relais pour faire entendre son cri de colère. •

Chateaubriand
Dieu et la liberté

Chateaubriand est sans doute le premier grand intellectuel engagé de la France post-révolutionnaire. À la fois plongé dans l'arène politique et fin observateur des évènements, il est le témoin privilégié de l'avènement de l'homme moderne, matérialiste car privé de transcendance, enfermé dans les murs du présent car dénué d'ascendance.

Par
Jean-Paul Clément
Historien, haut-fonctionnaire, président d'honneur de la Société Chateaubriand, auteur d'un volumineux *Chateaubriand* (Flammarion)

Illustrations de
Victor Carpentier

Pour bien comprendre Chateaubriand, il faut partir de cette phrase figurant dans les dernières pages des *Mémoires d'outre-tombe*: « *Je me suis rencontré entre deux siècles, comme au confluent de deux fleuves; j'ai plongé dans leurs eaux troublées, m'éloignant à regret du vieux rivage où je suis né, nageant avec espérance vers une rive inconnue.* » La Révolution, comme le confirme Jean-Pierre Richard, est le « *site historique du partage [...] la ligne de crête, divisant les temps, et, avec eux, les pensées, les mœurs, les curiosités, les langages même – un avant et un après, apparemment antagonistes et inconciliables.* »

Placé à la charnière entre deux états, celui d'écrivain et celui d'homme politique, de deux mondes, homme des chimères et des réalités, on ne sera pas étonnés que Chateaubriand, à l'époque de la Restauration puis sous la Monarchie de Juillet, se soit partagé entre de grandes charges qu'il poursuit avec une sorte de boulimie jamais rassasiée – ambassadeur à Berlin, à Londres, ministre plénipotentiaire au congrès de Vérone, le dernier congrès de la Sainte-Alliance, ministre des Affaires étrangères pendant neuf mois qui marquent l'apogée de cette carrière, pair de France pendant quinze ans –, menant ainsi une carrière brillante mais une carrière politique hachée, marquée par de grandes disgrâces et par l'incompréhension des rois.

Face aux philosophes des révolutions

Exilé à Londres en 1797 après avoir combattu l'armée de Condé, Chateaubriand publie son premier ouvrage essentiel: *Essai sur les révolutions* (1797).

Pour le Breton frondeur, la répudiation morale de l'Ancien Régime s'inscrit directement dans l'analyse des causes de la Révolution. Parmi celles-ci, Chateaubriand retient l'effondrement de la religion, minée par la « secte » des Encyclopédistes, l'insouciance du Roi et le rôle capital joué par la haute noblesse : *« C'est un trait commun à toutes les révolutions dans le sens républicain, qu'elles ont rarement commencé par le peuple. Ce sont toujours les nobles qui, en proportion de leur force et de leurs richesses, ont attaqué les premiers la puissance souveraine. »* Et de poursuivre dans son journal, *Le Conservateur*, en 1819 : *« La Révolution était achevée lorsqu'elle éclata : c'est une erreur de croire qu'elle a renversé la monarchie ; elle n'a fait qu'en disperser les ruines. »*

Pour l'écrivain, la Révolution française fut marquée par d'excellents principes et des conséquences funestes. Les premiers dérivent de théories éclairées, les secondes de la corruption des mœurs. Voici pour lui le véritable motif de ce mélange incompréhensible de crimes entés sur un tronc philosophique. *« Nous avons perdu en mœurs ce que nous avons gagné en lumières, écrit Chateaubriand en 1797. Celles-ci semblent tellement disposées par la nature, que les unes se corrompent toujours, en proportion de l'agrandissement des autres : comme si cette balance était destinée à prévenir la perfection parmi les hommes. »*

Le Génie du christianisme...

Cette flamboyance trempée par l'expérience jettera les bases du *Génie du Christianisme* ; œuvre magistrale, qui bouleverse les mentalités. Certes, le *Génie* ne répondait qu'imparfaitement aux vues utilitaires du Premier Consul – l'ordre : *« Nulle société ne peut exister sans morale, et il n'y a pas de bonne morale sans religion. Il n'y a donc que la religion qui donne à l'État un appui ferme et durable »*, affirmait Bonaparte devant les curés de Milan, en 1800. On se tromperait en voyant dans Chateaubriand le pilier de l'« ordre moral » et politique forgé par Bonaparte. Pour lui, la religion – l'Évangile plus encore que l'Église – n'est point là pour soutenir un État omniprésent et despotique mais pour garantir la liberté de l'homme contre les ingérences du pouvoir politique. Dans les *Mémoires d'outre-tombe*, il évoquera l'idée d'un nouveau *Génie* où il eût démontré que le christianisme a apporté au monde la véritable notion de liberté et que cette notion toute chrétienne doit être la pierre angulaire des sociétés politiques de l'avenir. *« La liberté est chrétienne »*, écrit-il en des notes de 1828-1829 conservées au musée Carnavalet. Et, dans les *Notes et Pensées* : *« La liberté est sur la croix avec le Christ, elle en descend avec lui. »*

Chateaubriand ne se range pas davantage dans le camp des contre-révolutionnaires qui, de Bonald à Maurras, iront répétant : *« Les individus n'existent que dans et pour la société »*, et dont les théories débouchent sur la Divination de l'État. Chateaubriand proteste, au contraire, en invoquant le caractère émancipateur de l'Évangile : *« C'est en vain que la piété a prétendu que le christianisme favorisait l'oppression et faisait rétrograder les jours : à la publication du nouveau pacte scellé du sang du juste, l'esclavage a été effacé du code romain. »*

Le *Génie* rompt également avec le vieux mépris du passé, affiché par les philosophes, en montrant que la longue suite des âges rend témoignage du christianisme. Il donne un fil directeur à une histoire jusque-là narrative. Au contraire de nombre de ses

> **Pour l'écrivain, la Révolution française fut marquée par d'excellents principes et des conséquences funestes.**

contemporains, Chateaubriand souligne le changement radical apporté dans la civilisation par le christianisme.

...terreau de la véritable liberté

Cette notion de civilisation dont la « croix est l'étendard » marque chez Chateaubriand un point d'aboutissement; elle reprend, lie, en les solidifiant, des vérités de nature quasi métaphysique qui confèrent à sa pensée et à ses combats unité et cohérence. Quatre de ces dogmes se dégagent particulièrement: la liberté, la morale, l'honneur et l'amour de la patrie. Nous retiendrons la liberté.

Pour cerner d'un peu plus près les contours de sa conception de la liberté, une comparaison s'impose avec Benjamin Constant, l'archétype du libéral, adversaire de Chateaubriand au début de la Restauration, puis compagnon de route face aux volontés du gouvernement Villèle de museler les titres de presse. Constant distingue deux libertés: la liberté antique et la liberté des Modernes (mère de l'individualisme libéral d'aujourd'hui). La liberté antique, dit-il, était une liberté d'État. L'État, c'est-à-dire la cité, était libre. Le citoyen ne l'était pas en tant qu'individu mais il l'était en tant que citoyen, en tant qu'il participait vraiment au pouvoir, qu'il ne se bornait pas, comme le citoyen moderne, à élire son représentant. La volonté de chacun avait une influence réelle. Le citoyen antique éprouvait un véritable « plaisir d'action » dans le gouvernement de la cité. Pour le conserver, pour conserver son importance politique, il acceptait volontiers de renoncer à une grande partie de son indépendance privée.

La liberté moderne, au contraire, ne donne qu'un « plaisir de réflexion »: le choix du représentant. Il est impossible de demander au citoyen moderne, simple électeur, autant de sacrifices, en échange de ce plaisir abstrait, qu'on en pouvait demander au citoyen antique en échange de son plaisir d'agir. D'autant que ces sacrifices seraient, étant donné l'évolution du monde, beaucoup plus pénibles pour les modernes qu'ils ne l'étaient pour les anciens. Car les progrès de la civilisation, la tendance commerciale de l'époque, la communication des peuples entre eux, ont multiplié et varié à l'infini les moyens de bonheur particulier. Les hommes n'ont besoin pour être heureux que d'être laissés dans une indépendance parfaite sur tout ce qui a rapport à leurs occupations, à leurs entreprises, à leur sphère d'activité, à leurs fantaisies.

Pour Chateaubriand, la liberté ne se réduit pas à une limitation de pouvoirs ni à une créance sur la société; elle intègre devoir et obligation. Si la dignité de l'homme procède de sa liberté originelle, celle-ci ne dépend pas moins de l'usage qu'il en fera, usage dans lequel les obligations morales balancent et équilibrent les droits. Parti des mêmes prémisses – la liberté inhérente à l'homme –, Chateaubriand se distingue donc très nettement de la mouvance idéologique de Benjamin Constant, pour qui l'individu ressemble à un petit État souverain, entré volontairement en confédération pour garantir sa sécurité et ayant remis certains pouvoirs à l'autorité confédérale à laquelle il participe par le suffrage. Dictée par l'intérêt, non contenue dans les bornes du devoir, fondée sur une conception quasi géométrique de la société, la liberté ressemble avec Constant à celle d'un « cercle entamé », selon l'heureuse expression de Bertrand de Jouvenel.

Divine liberté

C'est à la religion chrétienne, prétendue moribonde à la fin du XVIIIe siècle, que Chateaubriand impartie la mission d'ordonner la société par la morale de l'Évangile et d'asseoir la liberté sur des bases solides. La liberté vient de Dieu, elle échappe aux contingences sociales: *« Ses racines sont dans le ciel. »* La religion fixe les sociétés flottant éternellement entre l'anarchie populaire et le despotisme, moralise les mœurs.

Allant plus loin encore, Chateaubriand s'oppose aux théoriciens de la raison d'État. Non seulement l'État se voit interdire le droit de « forger » les esprits, mais encore son action doit obéir aux règles de la morale privée: une société périt lorsqu'elle dénie par ses actes, ses propres principes; toute hypocrisie porte un germe de mort pour l'ordre social.

Si l'Atala qui fit sa célébrité d'écrivain, si les Natchez se sont perdues dans les forêts, l'écrivain demeure étonnamment vivant, installé dans la majesté des *Mémoires d'outre-tombe*, la vaste « épopée de son temps ». Autour de ce soleil, d'autres constellations appellent notre curiosité: c'est l'univers politique des articles, des discours, des essais, des opuscules, des brochures de doctrine ou de combat. Là, Chateaubriand, paladin, journaliste, orateur, tantôt prophète de l'Ancien Testament, tantôt homme du XVIIIe siècle, réunit le souffle et l'ironie, fureurs et saillies, érudition et beauté; partout et en toutes circonstances, il écrit sans se lasser, un peu comme sur un éternel palimpseste, le mot liberté. ●

Justice : juste une illusion ?

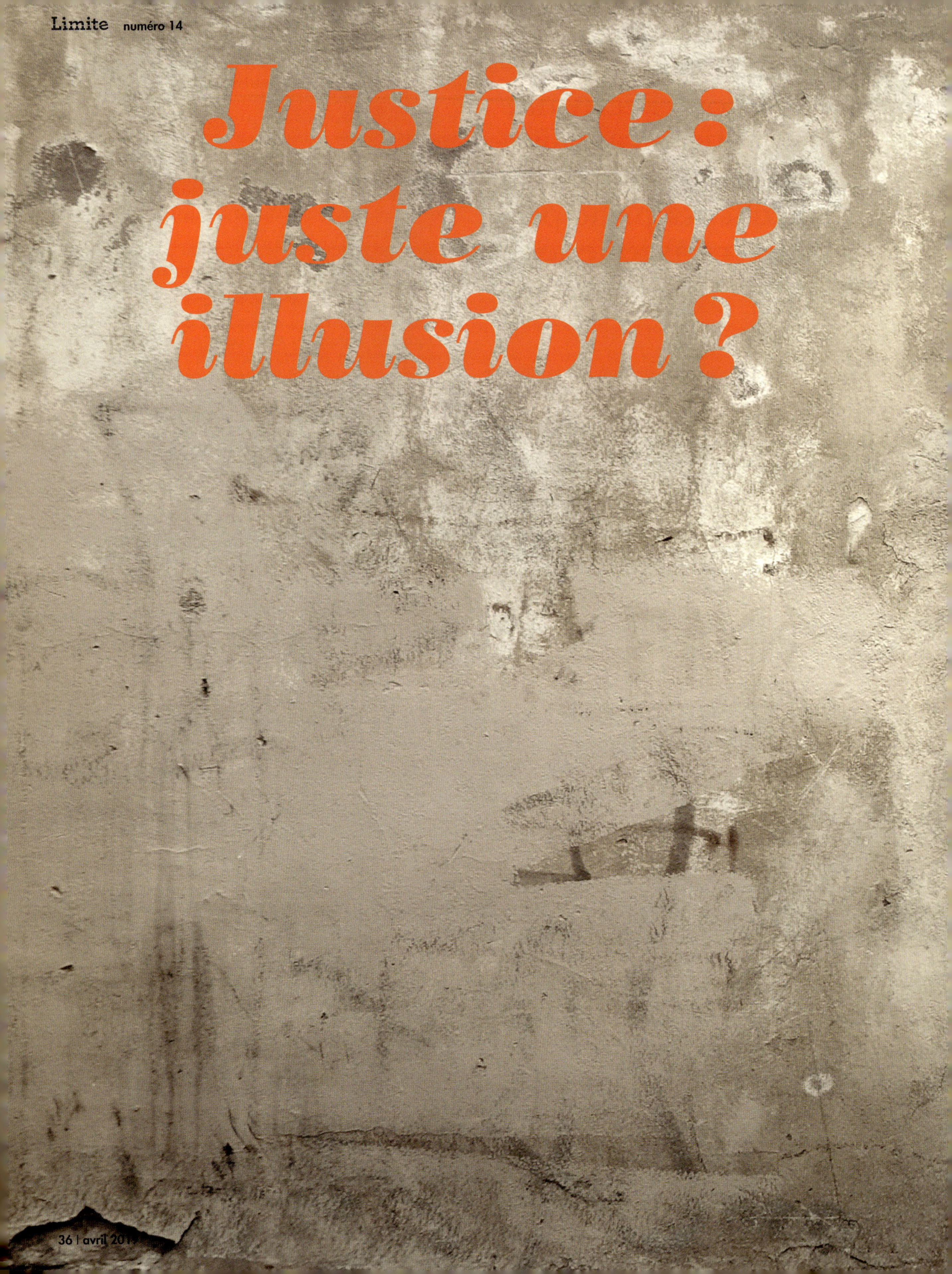

© Pragmart - Unsplash

Social

pages dirigées par Mahaut Herrmann et Raphaël Pateloup

© Dave Webb - Unsplash

« *C'est un désert judiciaire qui s'annonce.* » Ces mots prononcés lors de l'une des nombreuses grèves des avocats en réaction à la réforme judiciaire voulue par le pouvoir macroniste, témoignent des craintes qu'elle suscite dans la profession. Les avocats craignent qu'il arrive à la justice ce qui est déjà arrivé à la santé : une désertification qui mène à une justice à deux vitesses. Alors que cette question devrait faire la une des journaux et être au cœur des débats, le sujet ne semble intéresser que les spécialistes Les questions semblent trop techniques, les débats incompréhensibles pour les non-initiés. Une nouvelle fois, le peuple est tenu hors des délibérations. Pourtant, la justice est une question majeure. Sans elle, point de société viable. Comme le rappelait Charles Péguy dans ses œuvres en proses « *Une seule injustice, un seul crime, une seule illégalité, surtout si elle est officiellement enregistrée, confirmée, une seule injure à l'humanité, une seule injure à la justice, et au droit surtout si elle est universellement, légalement, nationalement, commodément acceptée, un seul crime rompt et suffit à rompre tout le pacte social, tout le contrat social, une seule forfaiture, un seul déshonneur suffit à perdre, d'honneur, à déshonorer tout un peuple. C'est un point de gangrène, qui corrompt tout le corps.* ». En outre, la recherche de la justice, sous des formes différentes, est à la base de très nombreuses mobilisations et revendications politiques. Pour nous, chez *Limite*, la question de la justice est fondamentale et guide notre engagement tant social qu'environnemental et c'est pour cela qu'il nous paraissait nécessaire de nous y attarder.

Raphaël Pateloup
Rédacteur en chef Social adjoint

Peuple et justice : renouer le lien

Nous souhaitions aborder cette question sans tomber dans les oppositions stériles entre justice punitive et justice réparatrice qui domine bien trop souvent les débats. Certains voudraient mettre l'accent sur les victimes et sur la punition des coupables, d'autres sur les droits et les conditions de détention et de réinsertion des détenus. Accusation de laxisme judiciaire et dénonciation d'une justice qui serait inhumaine, voire raciste pour certains, s'opposent sans fin. La recherche de la dignité des personnes nous rappelle la nécessité de tenir une ligne de crête parfois difficile à discerner mais toujours juste. À ceux qui voudraient mettre uniquement l'accent sur la souffrance des condamnés et ne voir dans le prisonnier qu'une victime en souffrance, nous nous devons de rappeler le devoir de rendre justice aux affligés et donc notamment à ceux qui ont eu à souffrir de la violence de leur prochain. À ceux qui rêvent d'une justice couperet, au sens propre comme au sens figuré, nous nous devons de réaffirmer que toute personne peut se racheter et que, quoiqu'il ait fait, tout homme doit voir ses droits respectés.

La justice est intimement liée à la question de l'égalité. C'est par elle que peut être réduite la domination du fort sur le faible. Comme nous le rappelle les Écritures, « *C'est une joie pour le juste de pratiquer la justice, mais la ruine est pour ceux qui font le mal.* » Proverbes 21 :15. Pas d'égalité sans justice. Mais pas non plus de justice sans égalité. Pour que justice soit faite, il faut qu'elle soit impartiale. Et c'est là que le bât blesse. La justice est loin d'être égalitaire et les réformes et évolutions récentes tendent à renforcer les inégalités. Des déserts judiciaires menacent de se former, remettant en cause l'égal accès à la justice, notamment pour les habitants de la France périphérique, cette France des Gilets jaunes oubliée de tous. L'introduction des nouvelles technologies dans le processus judiciaire est porteuse de nombreux biais. Et les avocats risquent de plus en plus d'être coupés d'un peuple relégué hors des grandes métropoles et des beaux quartiers. C'est autour de cette question de l'égalité que nous avons bâti ce dossier. Nous avons cherché à comprendre les évolutions actuelles dans le domaine de la justice et comment elles menaçaient l'égalite entre tous les citoyens devant le droit. Attachés non seulement au monde des idées mais aussi à celui des actes, nous nous sommes aussi intéressés aux initiatives concrètes pour réduire ces inégalités et renouer le lien entre la justice et le peuple français. ●

Olivia Dufour

« La justice est soumise à la tyrannie de la gestion et de la performance »

Propos recueillis par Mahaut Herrmann
Rédactrice en chef Social

Depuis plus de vingt ans, Olivia Dufour arpente les tribunaux, observe et commente la vie de la justice française. Effarée par ce qu'elle a constaté, elle a publié en 2018 *Justice, une faillite française?*, dans lequel elle dénonce le manque chronique de moyens alloués à la justice. Un samedi matin, elle est venue dans nos locaux nous aider à monter ce dossier assez technique pour des novices. Son but? Nous expliquer pourquoi le fonctionnement du système judiciaire français devrait alerter tous les citoyens.

Vous êtes journaliste spécialisée dans le droit et la justice depuis plus de vingt ans. Pourquoi avez-vous envie d'écrire ce livre maintenant?

Chaque année, les Cours et Tribunaux organisent une rentrée solennelle. C'est un événement qui se tient en janvier au cours duquel les magistrats font le point de l'année écoulée devant un parterre de personnalités. Nous étions en 2017. Je me suis aperçue cette année-là que cela faisait vingt-deux ans que j'entendais les juges dénoncer dans des termes catastrophistes le manque de moyens de la justice. À Paris, comme en province. Il m'a fallu comprendre ce qu'il se passait. Un problème qui dure vingt-deux ans, ça interpelle. C'est à peu près au même moment que le garde des Sceaux de l'époque, Jean-Jacques Urvoas, a décidé de s'emparer de la question et d'en faire l'unique sujet de son ministère. Il prenait la suite de Christiane Taubira et n'avait que quelques mois pour agir avant les présidentielles. En tant que parlementaire, il connaissait le problème de moyens mais il a confié alors avoir été sidéré par la gravité de la situation. Comme beaucoup d'élus, il avait affaire en permanence à des citoyens venant réclamer des moyens supplémentaires. Et comme les gens de justice sont assez réservés, ils ne crient pas assez fort leur détresse, de sorte que nul ne les entend. Toujours à cette période, le président de la commission des lois du Sénat, Philippe Bas, a lui aussi pris soudainement conscience que la situation n'était plus tenable. Il y a eu à cette époque une sorte de conjonction de planètes au-dessus de la justice. Il était temps. Mes recherches m'ont conduite à découvrir, grâce aux travaux de l'historien et économiste Jean-Charles Asselain, que le budget de la justice est sous-évalué en France depuis deux cents ans. À partir des années quatre-vingt-dix, on a commencé à faire des efforts significatifs pour le redresser, mais comme dit Asselain, quand on part de très bas, les augmentations même significatives ne font pas monter bien haut. Le résultat, c'est qu'aujourd'hui la justice est « à l'os » pour reprendre l'expression d'une magistrate. Elle tient, comme l'hôpital, sur le dévouement de son personnel. Mais ce dévouement les mène à l'épuisement. Un documentaire de Danièle Alet, « Sois juge et tais-toi », a brisé récemment le tabou du suicide dans la magistrature et révélé un inquiétant phénomène de burn-out dans les rangs des juges. La documentariste était effrayée de sa découverte et m'a confié *« si les juges eux-mêmes souffrent ce que nous souffrons, vers qui pourrons-nous nous tourner pour obtenir justice? »* Elle soulève une excellente question. La justice est l'ultime mécanisme de régulation sociale quand tous les autres ont échoué et c'est l'une des raisons pour lesquelles elle est aussi sollicitée. Nous ne pouvons pas nous payer le luxe de la laisser s'effondrer.

> *« Le budget de la justice est sous-évalué en France depuis deux cents ans »*
> Olivia Dufour

Et pourtant, le grand public ne se rend pas forcément compte de cet enjeu.

D'une manière générale, le droit est peu connu et peu considéré en France. Cela se voit par exemple dans le monde économique. Aux États-Unis, le directeur juridique est l'un des cadres les plus importants de l'entreprise. En France, il a longtemps été considéré comme un empêcheur de tourner en rond, un spécialiste maîtrisant une discipline obscure et contraignante. De fait, notre culture judiciaire est beaucoup moins développée qu'aux États-Unis. Ce n'est pas forcément un mal, vu les excès que l'on connaît Outre-Atlantique, mais c'est un fait. Par ailleurs, contrairement à l'hôpital, on peut

Pierre-Paul Prudhon - *La justice et la vengeance divine poursuivant le crime* ne jamais avoir affaire à la justice, ou bien pour des épisodes désagréables que l'on s'empresse d'oublier : divorce, prud'hommes, délit routier, conflits de voisinage. On observe par ailleurs un certain manque de culture en France sur les fondamentaux d'un État de droit. Cela se traduit par exemple dans la question systématiquement posée dans les dîners en ville mais aussi sur les plateaux de télévision : comment fait-on pour défendre un coupable ? C'est difficile d'expliquer que toute personne a droit à un avocat, et que les personnes mises en cause devant la justice sont présumées innocentes jusqu'à ce que l'accusation rapporte la preuve du contraire. De fait, la justice est un thème sur lequel il est difficile de mobiliser les citoyens. Et c'est aussi par conséquent peu vendeur politiquement, ce qui explique en partie l'état dans lequel on la laisse.

« La justice est un thème sur lequel il est difficile de mobiliser les citoyens. Et c'est aussi par conséquent peu vendeur politiquement, ce qui explique en partie l'état dans lequel on la laisse. »

Olivia Dufour

Vous avez voulu donner la parole aux personnes qui travaillent au service de la justice et aux citoyens ayant eu affaire à la justice, comme plaignants, accusés ou victimes. Pourquoi ce choix ?

La justice, un peu comme la médecine, est une activité qui touche au cœur de l'humain. Je n'ai pas voulu m'en tenir aux chiffres parce qu'ils sont secs. On a beau savoir depuis des lustres que le budget accordé en France à la justice est le plus faible d'Europe, cela ne fait pas avancer les choses. Alors il m'a semblé nécessaire de montrer que derrière ces données, il y avait des hommes et des femmes, gérant le destin d'autres hommes et d'autres femmes. Si je vous dis qu'il faut attendre quatre ans pour obtenir un jugement devant les prud'hommes, cela n'a pas forcément de sens concrètement. Mais si j'explique que, pour une femme proche de la retraite, ces quatre années d'attente l'ont obligée à renoncer à sa vie parisienne pour aller vivre chez sa sœur à la campagne parce qu'elle ne pouvait plus payer son loyer, mais qu'elle a finalement obtenu des indemnités parce que son employeur était fautif, tout de suite cela devient concret. De même, on sait que les prisons françaises sont dans un état atroce. Mais c'est plus parlant d'expliquer qu'à Fresnes, un jeune Somalien terrifié d'être à des dizaines de milliers de kilomètres de chez lui a développé une psychose carcérale et tenté dix fois de mettre fin à ses jours.

Malgré tout ce que vous constatez et expliquez, les réformes successives s'accumulent sans résoudre le problème. Comment l'expliquez-vous ?

Les réformes sont quasiment exclusivement motivées par le souci de gérer la pénurie de moyens. Comme toute la société, l'institution judiciaire est sous l'emprise d'une forme de tyrannie de la gestion et de la performance. Je ne parle pas d'une utilisation surveillée et raisonnée de l'argent public, je parle bien d'objectif d'économies et de performances comme dans une entreprise. Mon propos n'est pas de dire que le service public devrait obéir à d'autres règles, je laisse ce débat aux économistes. Mais sur le terrain plus philosophique, la gestion des moyens n'est jamais une cause de réforme légitime. Je m'explique. Depuis quelques années, la visioconférence se développe. C'est une technique qui permet à une personne (témoin, expert, prévenu…) de s'exprimer dans un tribunal sans se déplacer grâce à une transmission par écran. Le ministère de l'Intérieur a immédiatement vu le parti qu'il pouvait en tirer pour limiter les frais d'escorte policière et fait pression pour qu'on utilise de plus en plus souvent la visioconférence dans les procès. Résultat : dans l'actuelle réforme de la justice, il était prévu à l'origine qu'une personne puisse être placée en détention provisoire sans voir physiquement son juge. Le gouvernement a reculé, mais le renouvellement de la mesure de placement en détention en revanche, pourra se dérouler sans rencontre physique. Malgré les protestations des avocats, les cas dans lesquels on juge les gens à travers un écran se multiplient. Voilà où mène une réforme de la justice inspirée exclusivement par des questions de moyens. Et tout est à l'avenant. La ministre a voulu accélérer la numérisation de la justice pour que chacun, par exemple, puisse suivre en temps réel l'état de la procédure de son procès sur Internet. C'est une bonne idée, mais elle a instauré aussi une possibilité de saisir la justice en ligne, et les avocats savent qu'à terme cette possibilité est si intéressante en termes d'économie de moyens qu'elle deviendra une obligation. Que fera-t-on des quelques 16 % de personnes en France qui n'ont pas accès à Internet ? De même, on va fusionner les tribunaux d'instance (les tribunaux de proximité) et les tribunaux de grande instance. La ministre assure qu'aucune juridiction ne fermera, mais il est à craindre que justement pour des questions de moyens, comme les maternités ou les écoles, on finisse par fermer les lieux non rentables.

Cette insuffisance chronique du budget de la justice peut-elle avoir des répercussions sur la fracture sociale ? Est-ce que la proximité des lieux de justice est une demande importante de la

« *On sait que lorsqu'un tribunal disparaît, celui qui récupère sa compétence n'hérite pas du même volume d'affaires. Ce n'est pas comme un accouchement, on ne court pas à la nouvelle maternité à 50 km. On renonce à faire valoir ses droits quand c'est trop compliqué.* »
Olivia Dufour

part des citoyens ? Si oui, quel lien faites-vous entre les réformes successives de la justice et les doléances des Gilets jaunes sur l'abandon de certains territoires ?

Pour écrire ce livre, je suis allée voir notamment la présidente du Conseil de prud'hommes de Bobigny. Elle m'a expliqué que les réformes Macron, du temps où il était ministre de l'Économie, ont engendré une baisse de 35 % des nouveaux dossiers dans son tribunal la première année. Depuis, cette chute se confirme et s'accélère dans toute la France. Évidemment, à la Chancellerie on s'en félicite, on ne voit que les économies réalisées que l'on vante ensuite au moment d'établir les budgets à Bercy. Cette femme m'a dit « *mes greffiers ont beau aider les justiciables à remplir le nouveau formulaire, il est trop compliqué, beaucoup abandonnent* ». Et elle m'a regardé alors avec anxiété : « *Ils vont aller où, tous ces gens à qui l'on ne rend plus justice ? Que va devenir leur colère, leur sentiment d'injustice ?* » Nous étions en janvier 2018, il me semble que 11 mois plus tard, nous avons eu un début de réponse. Je ne prétends pas évidemment qu'il y a un lien direct entre les réformes Macron et la crise des Gilets jaunes, en revanche, je crois comprendre de ce mouvement qu'il exprime la colère de tous ceux qui constatent dans leur vie au quotidien que la gestion managériale des services publics et la course permanente au profit sont en train d'abîmer notre société. Personnellement, j'irais même plus loin, on endommage notre civilisation. C'est très visible en matière judiciaire. Nous avons renoncé à beaucoup de principes fondamentaux faute de moyens. Je ne pense pas que les citoyens formalisent leur besoin de proximité de la justice, il surgit quand ils ont un problème. Les juges des tribunaux d'instance, ces petits tribunaux qui traitent les petits litiges du quotidien, racontent tous la même histoire quand on les interroge sur leur métier. Ils voient arriver des gens avec toute leur vie administrative dans une pochette et c'est au greffier ou au juge de trier, de comprendre le problème et de les aider à saisir la justice pour faire valoir leurs droits. Si ce petit tribunal ferme, ils devront aller plus loin, au tribunal de grande instance. Or on sait que lorsqu'un tribunal disparaît, celui qui récupère sa compétence n'hérite pas du même volume d'affaires. Ce n'est pas comme un accouchement, on ne court pas à la nouvelle maternité à 50 km. On renonce à faire valoir ses droits quand c'est trop compliqué. On ne m'ôtera pas de l'idée que ce calcul cynique est souvent à l'œuvre dans les réformes de la justice. C'est ce qu'on appelle pompeusement la déjudiciarisation. L'ennui, c'est qu'on passe son temps à donner de nouveaux droits aux citoyens parce que c'est électoralement rentable. Si on ne leur permet pas de s'incarner concrètement, ce qui est le rôle de la justice, alors on s'expose à créer un sentiment d'incompréhension, d'injustice et de rejet des institutions. ●

Écran total

Quand le numérique s'invite dans les procès

L'Assemblée Nationale a adopté, le 20 février dernier, la réforme de la justice sur la dématérialisation de certaines procédures. Le prétexte ? *« Une justice plus simple, plus rapide et plus efficace au service de tous les citoyens. »* Dans les faits, une nouvelle fracture numérique et une mesure qui inquiète magistrats, avocats et justiciables.

Par Violaine Epitalon

Arnaud Touati, co-dirige un cabinet d'avocats à Paris. Interrogé par *Limite*, il constate le manque de moyens accordés à la justice. *« Au regard de l'ensemble des parties prenantes au processus (juges, avocats, magistrats, justiciables) aucune n'est réellement satisfaite »*, confie-t-il. *« Les magistrats déplorent le manque de moyens consacrés à la Justice. »*

La loi de programmation 2018-2022, adoptée par le gouvernement dans le courant du mois de février, se propose ainsi de répondre aux enjeux relatifs à la précarité inquiétante de la justice. En effet, le manque de moyens, caractérisé par une pénurie de personnels explique la lenteur des procédures. En outre, les prisons sont surpeuplées et les magistrats croulent sous les dossiers. Selon une étude de la Commission européenne pour l'efficacité de la justice, la France a consacré 65,90 euros par habitant à la justice en 2016. Elle se situe très loin derrière des pays équivalents comme l'Allemagne (122 euros par habitant), la Belgique (82,30 euros) ou même l'Espagne (79,10 euros).

Arnaud Touati reconnaît que *« la numérisation des procédures est en théorie un moyen de satisfaire l'ensemble des intervenants : cela permettra à l'administration judiciaire de mieux gérer ses dossiers, de gagner du temps et in fine d'économiser de l'argent. Du point de vue des justiciables, cela permettra d'obtenir justice plus rapidement. »* Toutefois, *« la subtilité tiendra dans la conciliation entre justice de qualité et rapidité des procédures »*, nuance-t-il.

Les années 2000 ont vu s'étendre le règne despotique des technologies. Les rapports humains tendent à se dégrader lorsque l'on place un écran en guise de médiateur. Il existe pourtant certains domaines de la vie où le contact humain est nécessaire voire fondamental et ne peut souffrir d'être remplacé ou délégué aux mains d'un outil purement technologique.

En outre, la fracture numérique se pose comme une problématique majeure que rencontre le législateur, *« comme dans tous les domaines qui connaissent aujourd'hui une transformation digitale »* rappelle Arnaud Touati, car elle est *« réelle et tous les Français ne disposent pas d'un accès à internet ou du moins ne maîtrisent pas forcément cet accès. » « Dès lors – et je pense que c'est un enjeu dont il est nécessaire de ne pas minimiser la portée – il ne faut pas laisser pour compte ceux qui ne maîtrisent pas la technologie »*, insiste-t-il.

Dans le cadre de ce processus de numérisation, Arnaud Touati attire notre attention sur un risque non négligeable, « une autre problématique technique et éthique engendrée par l'intervention de la technologie dans le domaine de la justice, qui résulte de la dématérialisation des procédures. En effet, l'inventivité des cybercriminels est poussée. La communication de données personnelles et de données de justice par voie dématérialisée ne ferait qu'accroître le risque d'ingérence de ces hackers et représente un risque majeur pour la sécurité juridique des justiciables et des procédures. »

Jugé à travers un écran

Les avancées technologiques se font aussi de plus en plus présentes dans les procès et tribunaux, non seulement pour réduire certaines dépenses mais aussi dans la perspective de permettre un gain de temps et de simplifier le déroulement de l'instruction.

Initialement, l'utilisation des écrans était réservée aux audiences avec les territoires d'Outre-Mer. Concrètement, le juge et le justiciable, séparés par une distance significative, font face à un écran surmonté d'une caméra et d'un micro. La visioconférence est, de ce fait, permise et encadrée par l'article 706-71 du Code de procédure pénale. Seulement, ce système est de plus en plus utilisé au vu des moyens toujours plus limités de la Justice. Les juges et magistrats restent néanmoins dans l'ensemble réticents face à de telles mesures qui touchent à l'intégrité du rapport humain nécessaire dans une procédure pénale et limite la possibilité de prendre en compte la personnalité du justiciable et sa prise de conscience vis-à-vis des faits.

L'Intelligence Artificielle, un « antihumanisme radical »

Depuis la montée en puissance des *legal-tech*, l'Intelligence Artificielle, déjà bien présente dans nos vies (assistants Google, Siri…) est devenue le nouveau fantasme d'objectivité pour la Justice. À l'origine, il est délicat d'admettre qu'un homme, bien que revêtu d'une dignité toute particulière accordée par sa formation et son statut, puisse en juger un autre. Autrefois déjà, Antigone, jeune héroïne de la tragédie de Sophocle réfutant le jugement de Créon, invoquait « les lois non écrites et immuables. » Ainsi, on observe un hiatus traditionnel entre lois supposées universelles et supérieures et jugement humain, dont l'enjeu est la question du libre choix et celle de la possibilité d'une action objective. C'est sur ce dernier argument que se base le choix du gouvernement d'introduire l'Intelligence Artificielle dans les procédures pénales.

Seulement, on assiste alors à une substitution du tiers, qui originellement s'incarnait dans la parole du juge ou du magistrat, soutenue et justifiée d'une part par les lois humaines et d'autre part par les Lois fondamentales qui s'imposent à l'homme (la dignité humaine, entre autres). Avec l'introduction de l'IA, on passe inévitablement d'un système humain, donc faillible mais légitimé par le rapport de dignité entre deux êtres, à un système binaire, simplifié et basé sur un algorithme rendant paradoxalement toute vérité relative. On peut noter l'incapacité de l'IA à faire preuve d'équité par exemple. Pour le moment, l'IA est simplement envisagée comme système d'assistance, mais c'est en réalité tout un système de valeurs qui s'effondrerait si elle venait à prendre une place majeure dans les procès.

> La visioconférence est de plus en plus utilisée au vu des moyens toujours plus limités de la Justice.

Selon Éric Sadin, écrivain et philosophe, auteur de *l'Intelligence artificielle ou l'enjeu du siècle, Anatomie d'un antihumanisme radical* (L'échappée, 2018), l'IA engendrerait « une mise au ban progressive de l'humain. » Dans le cadre de la justice, cette déshumanisation est d'autant plus problématique que l'IA *« marginalise l'exercice de notre faculté de jugement et porte atteinte à notre droit corollaire à nous déterminer librement et en conscience. »* ●

Le Barreau des rues

Sortir les avocats de leur Palais

Horaires de bagnards, procédures encombrantes, manque de temps et d'argent… Les avocats ont de plus en plus besoin de trouver un sens à leur boulot. Les pauvres, ceux des prisons et ceux des trottoirs, sont quant à eux toujours dans le besoin. L'association le *Barreau des Rues* parie sur leur rencontre. Objectif : réinscrire l'avocat dans la cité.

Par Maylis de Craecker

Illustrations de Victor Carpentier

Au commencement, « une bière entre potes ». Il est probable que peu de bières entre potes connaissent un dénouement aussi caritatif que celui-là… Un soir d'automne 2017, Anne-Sophie Laguens et Henri de Beauregard convoquent quelques associés et amis avocats au Barreau de Paris. Tous font le même constat ; ils regrettent qu'un terme de leur serment passe à la trappe. *« Je jure comme avocat d'exercer mes fonctions avec dignité, conscience, indépendance, probité et humanité. »* Interrogez n'importe quel quidam, il vous répondra que l'avocat lui semble pressé par d'autres intérêts que venir en aide à son prochain. Tous voudraient donc, d'une manière ou d'une autre, encourager l'avocat à honorer son serment d'humanité. Cette intuition germe dans les esprits. En novembre 2017, le *Barreau des Rues* est créé pour *« apporter un soutien moral, matériel, financier, juridique, à des personnes en situation de précarité ; et promouvoir la solidarité au sein du barreau de Paris et plus largement au sein de la communauté juridique et judiciaire.* »

La collecte originelle a eu lieu quelques semaines avant cet apéro. Lancée un peu par hasard par Anne-Sophie, elle la convainc qu' « il y a quelque chose à faire ». C'est sur ce modèle que se calqueront les collectes du BDR. Notre jeune avocate entendait une de ses clientes, détenue à Fleury-Merogis, se plaindre que les machines à laver mises à disposition abîmaient le linge. Elle n'avait plus rien à mettre à son bébé qui grandissait aussi vite que ses vêtements rétrécissaient. Anne-Sophie Laguens publie alors un appel au don sur *Facebook*, dans l'espoir que quelques amies lui envoient une mini garde-robe. Quelle n'est pas sa surprise d'en recevoir presque assez pour habiller toute la pouponnière de la Maison d'arrêt !

Au secours des sans-chaussures

Les collectes du Barreau des Rues sont ciblées : on a tantôt besoin de chaussures, tantôt de vêtements, d'articles féminins – les protections hygiéniques coûtent une fortune –, de duvets pour les toxicos. Les points de collectes sont ensuite postés au Palais de Justice, au Tribunal ou dans de gros cabinets d'avocats. À chaque fois, le Barreau des Rues fait front commun avec une autre association, à qui est offerte une percée dans l'univers de la justice (et dans les placards des juristes). La première collecte, menée avec les Sœurs de Marie Joseph et de la Miséricorde, était destinée à ceux qui paraissent au Tribunal de Justice… pieds nus. Ou en tongs. Effaré par cette misère, vue en particulier lors de comparutions immédiates où « la justice est vraiment précaire, c'est l'usine », le BDR prouve son efficacité. « On a récupéré 80 ou 100 paires de godasses pour rendre leur dignité à ces gens. Les gendarmes nous ont dit que tout était parti dans les trois premières semaines. Il y a de la demande ». Au moment de Noël, le BDR récolte des kilos de bonbons pour offrir des cadeaux aux détenus. Ces initiatives d'une simplicité évangélique égaillent des fêtes tristement solitaires.

> La première collecte était destinée à ceux qui paraissent au Tribunal de Justice… pieds nus. Ou en tongs.

Rencontrer et servir

Le Barreau des Rues ne se contente pas de réclamer aux avocats des Fraises Tagada pour les nécessiteux ; l'asso les envoie aussi dans la rue à leur rencontre. Puisque le sentiment de dignité des personnes de la rue – des SDF comme des migrants – est sacrément endommagé, le fait qu'un avocat franchisse la chaussée pour passer un moment avec eux est reçu comme un gage de considération.

Les avocats volontaires rejoignent des maraudes déjà rodées. Raphaëlle, avocate en droit pénal, sillonne ce soir-là le XIIe arrondissement avec Steph et Amaury, salariés du Samu Social. Le camion s'arrête du côté de la Bastille pour aller aux devants de Yann, SDF. Raphaëlle se présente en déclinant son CV. « *Si vous avez une question quelconque, je suis là pour vous éclairer.* » Passablement imbibé, Yann bougonne. Il ne veut rien d'autre qu'un pieu dans un CHU, qu'il obtient. Dans le camion qui l'y conduit, son humeur s'améliore nettement quand Michel Fugain passe à la radio. Plus tard il hèle Raphaelle, comme pour la remercier : « *Hé l'avocate ! moi j'aime bien l'avocate* ».

Le temps d'une soirée de maraudes, le BDR sort donc les avocats de leur Palais et les fait comparaître sur le trottoir. Là, on ne leur demande pas une expertise juridique, on leur demande un café et un brin de conversation. L'avocat range sa robe pour revêtir un tablier de service. La cité lui en est reconnaissante.

« J'étais en prison, et vous êtes venus jusqu'à moi » (Matthieu 25, 36)

Les sœurs de Marie Joseph et de la Miséricorde se dévouent depuis le XIXe siècle « au service de la Miséricorde de Dieu auprès des personnes détenues ». Présentes aujourd'hui à la MAF de Fleury-Mérogis, elles apportent leur pierre à l'édification d'une prison plus humaine. Collecte d'articles en tout genre, ateliers, traductions, soins… Les sœurs regardent les personnes plutôt qu'elles ne voient les condamnés et répondent à leurs besoins avec une sollicitude toute providentielle. ●

L'arrêt de mort d'une justice de proximité ?

Manque de moyens donnés à la justice, réforme de la carte judiciaire, legaltech, spécialisation des juridictions… Les multiples enjeux au cœur de la réforme sur la justice auraient de quoi nous alerter. Pourtant, le sujet est relayé la nuit, la technicité des propos employés ne nous permet pas d'approcher le débat et d'entrer dans la réflexion sur la justice de demain pour unir nos voix à celles des magistrats. *Limite* est allée rencontrer ces professionnels qui réagissent aujourd'hui unanimement contre ce projet. Ce sont eux qui demain exerceront leur fonction en subissant les conséquences d'une loi qui, encore une fois, sous couvert de modernité, déshumanise. Rencontre avec Régane Chaumont, bâtonnier de l'ordre des avocats du barreau de Tarbes et vice-présidente de la conférence des bâtonniers.

Par Amélie Pillet

Illustration de Victor Carpentier

Le 20 février dernier, la réforme sur la justice a été adoptée par l'Assemblée Nationale. Ce texte de loi précise les grandes orientations de la justice pour les cinq prochaines années. La ministre s'attache à le préciser : il s'agit de moderniser et de simplifier la justice pour favoriser la proximité entre le juge et le justiciable. « *Derrière les mots rassurants de la ministre, il y a un projet qui est contraire à ce qui est annoncé et c'est ce qui nous mobilise aujourd'hui* » précise Régane.

Et ce mouvement est collectif. La profession judiciaire (avocats, juges, greffiers, magistrats), les syndicats, le conseil national du barreau, la conférence des bâtonniers, ainsi que les associations des droits de l'Homme se sont rassemblés à plusieurs reprises. Ils relaient leurs inquiétudes à l'égard des propositions offertes par ce document pour l'avenir de la profession et pour le droit du justiciable. Ce que Régane dénonce avec foi et véhémence : « *Quand toute la profession judiciaire, le sénat et la commission des lois se mobilisent, c'est qu'ils ont forcément raison, ou que du moins qu'il n'y a pas tout à jeter. Quand on s'obstine à faire passer une loi contre ceux qui devront essayer de parvenir à la mettre en œuvre, comment avoir la prétention de penser qu'ils ont tort ?* »

Une réforme au service de la proximité qui rend la justice moins accessible

Dans la continuité de la réforme de la carte judiciaire lancée par Rachida Dati en 2015, le présent texte de loi préconise la fusion entre les Tribunaux de Grande Instance (TGI) et les Tribunaux d'Instance (TI). Pour faire simple, les TGI règlent les affaires civiles, les gros contentieux de plus de 10 000 euros et regroupent les juges des affaires familiales et les tribunaux correctionnels. Les TI, eux, traitent les petits litiges et les contentieux spécialisés : on retrouve les crédits à la consommation, les contentieux locatifs, les expulsions. Autant de conflits qui relèvent de la justice du quotidien. Prochainement donc, pour régler un conflit d'intérêts avec le propriétaire de son appartement, le citoyen devra se rendre au Tribunal de Grande Instance auquel sa commune est rattachée, s'il ne peut effectuer la démarche en ligne.

La modification de la carte judiciaire inquiète. La première conséquence causée par la fusion des TI et des TGI est celle de l'éloignement du justiciable. « *Demain, le justiciable devra faire 75 km et plus de 2 h 30 de route dans certains territoires pour se rendre au tribunal* » déplore Régane. La prévision de délais rallongés, puisque les petits contentieux seront fondus dans des grosses juridictions saturées, est un argument supplémentaire pour réfuter l'idée d'une justice de proximité. Dans ce sens, la conférence des bâtonniers a réalisé une étude qui démontre que l'éloignement entre la juridiction et le justiciable conduit ce dernier à renoncer à faire valoir ces droits. « *Là où on ne permet pas à un citoyen de pouvoir être entendu, de comprendre, et de saisir un juge si besoin, il ne le fait plus, on crée chez lui une frustration, et on accentue le malaise social français* » s'insurge Régane. À l'heure où le chant des Gilets jaunes peine à se faire entendre, et où la voix des magistrats est écartée du débat, il est urgent d'unir les forces et de marcher contre la course effrénée de la rentabilité et du profit.

Et demain, des déserts judiciaires?

Par ailleurs, l'absorption des TI par les TGI est contestée. Alors même que la ministre stipule qu'aucun lieu ne sera fermé ou vidé, la transformation des TI en « chambres détachées des TGI associés », alerte les magistrats. L'argument avancé de la mutualisation des moyens humains, locaux et matériels est en effet paradoxal. Pourquoi parler de mutualisation de moyens si l'intention n'est pas de supprimer les Tribunaux d'Instance? Régane est catégorique, « *avec cette réforme, on crée, voire on accentue, la fracture territoriale car il est évident que la dévitalisation des petites juridictions, conduira demain à leur suppression* ». Derrière la suppression des chambres détachées se tient en filigrane la question de l'impact de cette disparition sur la commune concernée. L'enseignement des déserts médicaux ne devrait-il pas nous suffire pour éviter d'accentuer la dévitalisation des territoires ruraux? Quelle est donc la logique qui anime les politiques si, à mesure que l'on déplore la fracture territoriale créée par la suppression de pôles de santé, on reproduit un schéma similaire pour la justice?

Alors qu'il prétend amorcer une nouvelle dynamique de travail pour les professionnels de justice, le texte de loi ne fait que redessiner les sillons déjà tracés d'une justice toujours moins juste, moins accessible et moins humaine. Privatisation, paradigme technocratique et métropolisation ne sont définitivement pas les arguments qui sauront nous convaincre pour parler d'une justice de proximité qui se met au service du peuple et du bien commun. ●

UNE JUSTICE POUR TOUS? VRAIMENT?

L'article 2 de la réforme, sous couvert d'une justice plus lisible et rapide, prévoit un préalable de médiation obligatoire avant toute saisie de la justice pour les petits litiges. Alors que le justiciable pouvait se rendre dans son tribunal et rencontrer un professionnel de justice (sous réserve d'un délai parfois conséquent) il sera demain dans l'obligation, s'il veut recourir à la justice, de participer à cette nouvelle étape de conciliation avec un auxiliaire indépendant. La privatisation et le caractère obligatoire de la démarche interrogent sur l'accès à la justice pour tous. Depuis la Révolution, le recours au juge est un droit fondamental pour chaque citoyen. Il est aujourd'hui menacé. L'enjeu apparaît colossal tant ce texte prétend rompre avec la tradition juridique. Le devenir d'une justice gratuite et accessible, qui offre au justiciable le sentiment d'être écouté et la possibilité d'avoir l'éclairage d'un professionnel indépendant, impartial et compétent, et plus encore qui lui permet de comprendre s'il est en droit ou non lorsqu'il exige quelque chose d'un tiers, semble bien compromis. ●

Frédéric Ozanam

Au plus haut des cieux

Dans ce numéro, *Limite* parle d'amour et de justice. Au siècle passé, un homme s'est battu pour l'instauration d'une véritable justice sociale et la pratique d'une charité inventive, réconciliant à jamais ces deux vertus : Frédéric Ozanam, mort à Marseille en 1853. Par ma fenêtre, j'aperçois l'église Saint Charles, où ses funérailles ont été célébrées. Les cloches sonnent. Leur musique monte jusqu'au ciel. Et cette lettre avec.

Par Amaury Guillem

Journaliste radio (RCF), il a travaillé pour l'association catholique d'éducation populaire *Le Rocher, oasis des cités*

Cher Frédéric,

En commençant cette lettre, je sais que je la terminerai frustré. Impossible, en effet, de faire rentrer dans ces quelques milliers de signes, toute votre vie : polyglotte, docteur en droit, agrégé de lettres, professeur à la Sorbonne, journaliste polémique, historien autodidacte, inventeur du droit social français et de la littérature comparée, initiateur des conférences de Carême à Notre-Dame-de-Paris, homme engagé en politique, mari et père, comment prétendre tout évoquer ? Cependant, il semble qu'une conviction intime traverse et résume votre trop courte existence : *« La charité, c'est le Samaritain qui verse l'huile dans les plaies du voyageur attaqué. C'est à la justice de prévenir les attaques. Parce la justice est comme l'épée qui en est le symbole, elle frappe, elle retranche, elle divise, la charité, au contraire, tient compte des faiblesses ; elle cicatrise, elle réconcilie, elle unit. Que la charité fasse ce que la justice seule ne saurait faire. »*

Un soir d'automne 1833, vous participez à des joutes oratoires organisées à la Sorbonne, dans le cadre de la « Conférence d'histoire ». Un étudiant, un de ces saint-simoniens auxquels vous vous opposez, prend la parole : « *Par le passé, le christianisme a manifesté sa supériorité par ses œuvres, mais aujourd'hui, où sont vos œuvres ? Le christianisme est mort !* » À la sortie de l'amphi, vous lancez à vos amis : *« Ne parlons pas tant de charité, faisons-la. »* En réponse à la Conférence d'histoire, vous inaugurez la Conférence de la charité. Vous en parlez avec sœur Rosalie Rendu qui, sur les flancs de la montagne Sainte-Geneviève, vient en aide aux familles les plus pauvres. Elles s'entassent dans les gourbis de la rue Mouffetard, pressées par l'exode rural, écrasés par les salaires insuffisants, abandonnés par les corps intermédiaires que la Révolution a balayés. Au milieu des immondices, vous vous frayez un passage pour aller les visiter à domicile : pour vous, l'assistance aux pauvres, si elle humilie *« quand elle prend l'homme et la misère par en bas, honore quand elle joint au pain qui nourrit la visite qui console, le conseil qui éclaire, le serrement de la main qui relève le courage abattu; quand elle traite le pauvre avec respect, non seulement comme un égal, mais comme un supérieur, puisqu'il souffre ce que peut-être nous ne souffrirons pas, puisqu'il est parmi nous comme un envoyé de Dieu pour éprouver notre justice et notre charité. »* Avec vous, c'est un renversement de la charité qui s'opère, c'est le riche qui se reconnaît miséreux, c'est l'opulent qui découvre combien il a besoin de celui qui n'a rien, et qui décide d'aller à sa rencontre, et qui choisit de l'honorer.

Mais faudrait-il pour cela encourager la perpétuation d'un système social et économique inégalitaire, ce dont Karl Marx accuse d'ailleurs la charité chrétienne? En aucun cas, et c'est là qu'intervient la justice. « Ne dîtes pas que si nous considérons la misère comme un sacerdoce, nous voulons la perpétuer: la même autorité qui nous annonce qu'il y aura toujours des pauvres parmi nous est aussi celle qui nous ordonne de tout faire pour qu'il n'y en ait plus ». Pour y parvenir, en plus de la mise en place d'un système politique qui laisse place à l'initiative individuelle tout en fixant les règles du jeu, vous proposez une double conversion: d'une part, celle des pauvres, invités à l'espérance et à l'action: *« Vous, dont la rigueur des temps a retranché le superflu, et vous qui manquez de nécessaire, vous pouvez plus que les autres pour des maux que vous connaissez. Les pauvres ne sont jamais mieux servis que par les pauvres »*, d'autre part, évidemment, la conversion des riches: vous leur rappelez avec verve que *« la prévoyance a ses limites, et Celui qui nous a appris à demander le pain de chaque jour ne nous a jamais conseillé de nous assurer dix ans de luxe. »*

Devant le désolant spectacle d'une société où les riches engraissent et où les pauvres, de plus en plus nombreux, meurent de faim dans les rues de Paris, vous entrevoyez la guerre civile en puissance. La lutte des classes qui sommeille s'annonce assassine. *« Entre ces armées ennemies,* écrivez-vous, *il faudrait nous précipiter, sinon pour empêcher, au moins pour amortir le choc. Et notre âge de jeunes gens, notre condition médiocre nous rendent plus facile ce rôle de médiateurs que notre titre de chrétien nous rend obligatoire. »* Quitte à en avoir le cœur brisé et broyé. Il n'est à vos yeux pas d'autre issue de secours, le libéralisme comme le socialisme menant à des impasses, *« ces deux systèmes, dont l'un réduit la destinée humaine à produire, l'autre à jouir, aboutissant par deux voies diverses au matérialisme. »*

Se baisser jusqu'au caniveau pour y regarder dans les yeux celui qui ne lève plus la tête, se battre aussi sur le plan des idées par l'engagement politique, littéraire ou médiatique, et toujours trouver dans la prière la force de lutter pour la défense des plus petits, voilà le chemin que vous ouvrez et qu'empruntera, un demi-siècle après vous, le pape Léon XIII dans *Rerum novarum*. Jusqu'à ce 8 septembre 1853 où, à peine âgé de 40 ans, encore jeune marié et père d'une petite fille, vous mourrez d'épuisement, à quelques mètres de là où j'écris ces lignes, rue Montgrand à Marseille. Ce même jour, Eugène de Mazenod, évêque de Marseille, pose la première pierre de la Bonne Mère.

Des premières pierres, vous en avez posées toute votre vie, Frédéric. À notre tour d'entendre votre appel à rejoindre pauvres et riches pour participer à la construction d'une société plus juste et plus aimante! *« Le temps est venu d'aller chercher ceux qui ne vous appellent pas, qui, relégués dans les quartiers mal famés, n'ont peut-être jamais connu ni l'Église ni le prêtre ni le doux nom du Christ. Épuisez le crédit qui vous reste auprès de tant de familles chrétiennes, pressez-les à temps, à contretemps et croyez qu'en les forçant à se dépouiller elles-mêmes, vous leur épargnez le déplaisir d'être dépouillées par des mains plus rudes. Ne vous effrayez pas quand les mauvais riches, froissés de vos discours, vous traiteront de communistes, comme on traitait saint Bernard de fanatique et d'insensé. »*

Pour que nous ne nous effrayions pas et rayonnions du même zèle que vous, cher Frédéric, priez pour nous!

Petite bio

1813 : Naissance à Milan

1816 – 1831 : enfance et scolarité à Lyon, avant de partir pour ses études à Paris.

1833 : études de droit et de lettres à Paris. Fréquente Lamennais, Lacordaire, Montalembert et Lamartine. Dans un climat hostile à la foi et à l'Église, Frédéric fonde la Conférence de la charité, qui deviendra la Conférence Saint-Vincent-de-Paul.

1834 : pour offrir une meilleure formation chrétienne aux fidèles, il a l'intuition des Conférences de Carême à Notre-Dame-de-Paris. Lancées en 1834, elles seront données par le père Lacordaire en 1835 et connaîtront un immense succès.

1836 : Ozanam décroche son doctorat de droit, ainsi qu'une licence de lettres. Il commence à travailler comme avocat.

1839 : passionné de lettres et d'histoire, il soutient avec succès une thèse de doctorat ès lettres sur Dante et la philosophie catholique au XIIIe siècle.

1841 : mariage avec Amélie Soulacroix, originaire de Marseille

1843 : il fonde le groupe des catholiques libéraux, tout en fustigeant le libéralisme économique, « ignominieuse doctrine » qui réduit toute la vie aux calculs d'intérêts.

1848 : préoccupé par la misère ouvrière liée à la révolution industrielle, il fonde avec le père Lacordaire le journal *L'Ère nouvelle* et y préconise un programme de réformes.

1853 : meurt d'épuisement à Marseille

2019 : 700 000 membres de la Société de Saint-Vincent-de-Paul travaillent dans de nombreux pays pour « enserrer le monde dans un réseau de charité ». Quant aux conférences de Carême, la 135e édition vient d'être lancée pour ce Carême 2019.

Faites l'amour, pas la course

Dossier

pages dirigées par Paul Piccarreta et Clémence Barral

Par

Par Paul Piccarreta
Directeur de la rédaction de *Limite*

&

Clémence Barral
Rédactrice en chef adjointe
Culture

Quand je pense à la société marchande

C'est une étude qui fait sourire: en Occident, les jeunes couples ont moins de rapports sexuels qu'il y a vingt ans. La raison? Les nouvelles distractions technologiques les détournent du pieu. On se souvient que le philosophe Günther Anders, en 1956, jugeait d'un mauvais œil l'arrivée de la télévision dans les chaumières. Avec sa « force centrifuge », c'est-à-dire sa manière d'aligner les personnes côte à côte, ce nouveau meuble allait supplanter la bonne vieille table familiale. Laquelle exerçait sur les membres de la famille une « force centripète » qui faisaient converger les visages. Soixante ans plus tard, la course folle de la technologie atteint un nouveau point de bascule. C'est l'acte sexuel lui-même qui est menacé d'obsolescence. C'est que pour « faire l'amour », il faut se retrouver physiquement, dans une chambre au moins, et faire taire la fanfare du « monde fantôme » des GAFA. D'ailleurs, ce n'est pas tant le monde extérieur qui s'immisce dans notre intimité, que notre intimité qui est déjà dans un monde parallèle. En sorte que pour se rencontrer vraiment, il faille désormais lutter contre nous-mêmes et nos nomadismes virtuels. Un journal « conservateur » se réjouissait de cette nouvelle étrange mais, conclut notre collaboratrice Eugénie Le Quéré, qui rapporte cette enquête *« Il y a de quoi renverser certaines conceptions éducatives. L'ado fait le mur, vous pique un vrai billet pour acheter un vrai ticket dans un vrai train et rejoindre son amour du moment, et sans capote par-dessus le marché? Ma foi, voilà qui témoigne d'un solide appétit de vivre dans le monde réel plutôt que sur Youtube. »* Si les jeunes « baisent moins », ce n'est pas qu'ils sont pris par de sages occupations petites-bourgeoises (expo, ciné), c'est tout simplement qu'ils préfèrent la compagnie de leur smarthphone.

Et c'est la mauvaise nouvelle. À l'ère de Narcisse 2.0, aimer demande un « solide appétit de vivre » que l'écoute de son for intérieur ne suffit pas à provoquer. La philosophe Eva Illouz affirme que nos sentiments eux-mêmes ont pris la forme de marchandises, créant ainsi des « emodities », contraction de « emotional com-

L'amour sauvera-t-il la planète ?

modities ». Ces « marchandises émotionnelles » seraient produites par l'industrie du tou-risme, du cinéma, de la musique – avec sa stimulation émotionnelle volontaire –, de la pornographie, de la psychothérapie avec « l'idéal de la santé mentale et de l'amélioration de soi » ou encore du développement personnel et sa tyrannie du bonheur. Face à ce constat, point d'angélisme possible. Nous savons que le couple peut se construire une utopie virtuelle. La technologie lui donner l'impression de vivre une idylle, aux deux amants perdus dans l'abîme des émotions, délestés du « *monde matériel que nous prenons, consommons, jetons, téléchargeons et effaçons* » (Fabrice Hadjadj). Mais un amour qui n'irait pas vers les autres se dessécherait. D'ailleurs, « *si tu parles trop de ton amour c'est que tu n'aimes que du bout des lèvres* » nous prévient le sage Lanza del Vasto.

Love of my life

Pour autant, le cynisme ne doit jamais prendre le dessus. Facile de jouer les (mauvais) Houellebecq, vingt ans plus tard, en s'en tenant à des postures critiques. Mais le trop-plein de mièvrerie marchande ne doit pas nous faire oublier que l'amour est un enjeu, une quête, un drame peut-être, et que le Marché, lui, prend l'amour très au sérieux. La preuve : alors que la société de marché considère le couple comme une marchandise, le célibat ne lui est jamais autant apparu comme une aubaine. Division de la marchandise, bien sûr, multiplication des « foyers de consommateurs » mais aussi création de frustrations solitaires. L'écrivain et journaliste Youness Bousenna rappelle dans ce dossier, par exemple, que l'application *Tinder* a érigé le célibat en « philosophie de vie ». Les « *néocélibataires doivent souscrire à l'illusion d'abondance des gens beaux et branchés dont la vie est une fête – et les relations d'inoubliables rencontres humaines autant que de dépaysantes expériences sexuelles.* » Dans la solitude des villes-mondes, l'émergence du célibat structurel se présente comme une crise sociale inédite. Car l'inverse de la vie en couple n'est pas la vie d'ermite, mais celle de l'individu libéral atomisé. Si l'ermite se nourrit de contemplation et entretient une relation profonde à sa solitude, le néocélibataire, lui, la fuit. Au contraire, et même si le couple ne guérit de rien, pour sûr, il participe d'un « projet de société », durable et stable, selon la psychologue Fabienne Kraemer, que nous avons rencontré : « *On entend partout qu'il faut se réaliser seul avant d'être à deux, remarque l'auteure de* Solo, no solo, *qu'il faut réussir professionnellement, qu'il ne faut surtout pas faire de compromis pour autrui sous peine d'avoir raté sa vie. Cette vision n'a aucun sens profond, sinon celle qui nous encourage à devenir de bons petits soldats du grand capital.* » On signe.

C'est, à ce titre, la promesse que *Limite* fait à ses lecteurs depuis son premier numéro : l'extension du marché dans nos vies ne doit pas seulement donner l'occasion d'une critique, elle doit aussi nous aider à prendre la tangente et débusquer des alternatives. C'est ainsi que, bien modestement et sachant qu'on ne ferait pas vaciller *Tinder*, nous avons lancé l'idée des « petites annonces ». Nous les avons publiées *in extenso*, sans retouches, sans tricher. Et les voici entre vos mains, fragiles livraisons, et le reste ne nous regarde plus. Quoiqu'un abonnement pour deux ne fasse pas nos affaires. Et puis, puisque certaines parmi vous ont tant insisté pour trouver « un mari catho », nos confrères du quotidien *La Croix*, partenaire de *Limite* ce printemps, vous rappellent dans une formule incisive : « "Aimez-vous les uns les autres, comme je vous ai aimés", ce n'est pas un résumé : c'est tout ce qu'il y a à faire. »

Avec toi tout commence

De l'écologie, il y a deux définitions possibles et complémentaires. L'une, scientifique, étudie les interactions du vivant, de tout le vivant. L'autre, littérale, signifie « discours sur la maison ». La première se bat pour qu'il y ait encore un monde vivant, la seconde nous dit comment l'habiter. C'est de cette dernière que l'on pourrait conclure, sans trop d'approximations, que le foyer est notre première demeure et que c'est de lui que nous pouvons entamer notre conversion écologique. L'amour fidèle qui peut s'y vivre est une poche de résistance à l'émiettement du monde. La romancière Marion Messina le dessine, avec son souffle revigorant : « *La réintroduction du couple aimant et solide au sein des existences est une parade radicale aux offensives marchandes. Une journée simple et au foyer sans dépenser un seul centime donne autant de stabilité émotionnelle à l'individu que de frustration au mode de production capitaliste* ». La longue, la dure, la magnifique résistance de l'amour. ●

Dany-Robert Dufour

« Certains amours sont des formes de résistance à la destruction du monde »

Depuis les années quatre-vingts, Dany-Robert Dufour, écrivain et philosophe, s'attache à une critique philosophique rigoureuse du capitalisme et du système néo-libéral, nourrie notamment par Freud, Marx et la pensée grecque antique. C'est dans un café atypique du XIXe arrondissement, dont les étagères croulent sous les livres de tous âges et de tous genres, que ce professeur de philosophie et penseur de la langue, a accepté de nous rencontrer. Ayant pendant de nombreuses années réfléchi sur la place du mythe – au sens de discours philosophique et fondateur – dans notre civilisation et les processus culturels dont nous sommes les héritiers, Dany-Robert Dufour confie à *Limite*, pendant cette rencontre captivante, son point de vue sur la dégradation du désir et du rapport à l'autre. À une époque où le consumérisme semble l'emporter sur l'accomplissement de l'individu, les mots d'amour du philosophe sonnent comme une libération.

Propos recueillis par Violaine Epitalon

Illustrations de Sarah-Louise Barbett

Vous êtes l'auteur d'un nombre conséquent d'ouvrages qui traitent de l'évolution globale des comportements humains en réaction au système capitaliste et néo-libéral. Vous évoquez une rupture radicale avec un ancien système de régulation des comportements, quelle en a été la cause ?

J'ai commencé dès les années quatre-vingt à étudier les processus symboliques qui structurent les sociétés. Dans un de mes premiers ouvrages, *Les mystères de La Trinité*, je repérais une forme trinitaire récurrente dans beaucoup de rapports humains. Par exemple, lorsque deux personnes discutent de quelque chose : *je* parle à *tu* de *il*. J'ai travaillé sur ce phénomène de mise en forme ternaire des rapports dans tous les processus interhumains. Au cours de mon travail, j'ai remarqué deux choses. D'une part que ces formes ternaires telles que nous les connaissions étaient probablement en train de disparaître dans un monde de plus en plus captivé par la binarité (ce dont témoigne la diffusion actuelle des algorithmes qui dirigent de plus en plus nos vies). D'autre part, que la disparition de cette forme trinitaire peut être mise en relation avec la disparition des grands récits qui exaltent la plupart du temps une forme tierce. Cette forme tierce est (ou était) garante d'une loi à laquelle on se réfère traditionnellement – tout comme la justice représente une forme tierce de discours, référant à la loi, dans le cadre d'un jugement entre deux partis. Ajoutons à cela que, au-delà (ou plutôt en deçà) du symbolique et de la forme ternaire que j'évoque, se trouve chez l'individu, une partie qui lui échappe et qui se définit par le fond pulsionnel de nos actions. Ce fond était en principe régulé par les récits fondateurs et autres décalogues. Mais, avec la disparition des grands récits, la régulation de ce désir est en peine puisque, avec eux, disparaissent ces commandements qui disaient : *Tu dois…*, *Tu ne dois pas…*

On assiste donc à un renversement du discours traditionnel ?

C'est un fait. On observe que la parole est à l'origine de cette

forme ternaire, par le biais des récits que l'on appelle « mythes » dans l'antiquité, créant alors un lien social et générationnel. Le mythe, d'abord analysé par Lévi-Strauss d'un point de vue anthropologique, puis dans le milieu de la psychanalyse, est perçu comme ce qui définit la distribution des désirs fondamentaux de l'individu. J'ai beaucoup travaillé sur la généalogie de ce système. On assiste à une substitution de ces grands récits par la loi du marché dès les années 1700, avec la naissance du libéralisme anglais qui fait une promesse : si vous sortez des régimes répressifs des grands récits, alors s'ouvre un monde merveilleux. C'est l'anthropologie libérale du capitalisme, que célèbre Mandeville dans son ouvrage la *Fable des abeilles.*

À quel moment la question du désir s'est-elle imposée à vous et vous a semblé fondamentale au cours de ces recherches ?

À partir d'une certaine époque, j'ai remarqué que nous étions de moins en moins dans l'ordre du désir et de plus en plus dans l'ordre de la jouissance. Le désir est construit selon des modalités particulières : la réserve pulsionnelle nous pousse vers un objet précis. C'est ici qu'intervient le tiers via une injonction ou une règle adressée au sujet : « tu ne dois pas… » Ces formes se transmettaient de génération en génération et ordonnaient les rapports avec l'autre. L'un des dix commandements déclare : « *Tu ne convoiteras pas la femme de ton voisin.* » Dans les faits, cette règle peut être transgressée, mais elle met en lumière les limites de mes actions envers l'autre. Le désir naît avec et par cette interdiction, il résulte d'une réélaboration rendue nécessaire par cette interdiction. Mais une des caractéristiques du désir c'est aussi qu'il est différé, qu'il se construit dans le temps. Contrairement à la jouissance qui, elle, se construit et s'assouvit dans un même mouvement, dans l'immédiat. La jouissance, c'est la réalisation instantanée de la pulsion devenue incoercible. Concrètement, face à la loi, le désir naissant se conforme à l'interdit. Si l'on veut devenir écrivain, chanteur, il est nécessaire face aux règles de fixer son désir dans le temps pour atteindre son but, et le rencontrer par le biais de ce que l'on a construit. La psychanalyse illustre cela par la pulsion originelle de l'enfant pour sa mère, qui, arbitrée par le père, est redirigée sous forme de désir hors de l'orbe familiale. Le désir pousse à un perfectionnement constant. Il n'est pas question de vouloir toujours plus (comme c'est le cas pour la jouissance) mais de désirer toujours mieux.

Qu'en est-il de cette transformation du désir dans le cadre du rapport à l'autre ?

Dans le moment de la disparition de ces grands systèmes tiers, j'ai repéré une modification dans l'ordre du désir vers une demande de satisfaction plus rapide de ces appétences pulsionnelles qui serait de l'ordre de la jouissance immédiate. Dans nos sociétés, cet ordre de la jouissance tient de ce que nous sommes passés à un régime global néo voire ultralibéral, fonctionnant avec un grand marché qui s'adresse à vous comme autrefois les grands récits. Seulement, le discours en a été modifié. Les injonctions d'autrefois mettaient en garde. Aujourd'hui elles ont été remplacées par l'invitation à la consommation : demande ce que tu veux, je te le donne, j'ai l'objet qu'il te faut, tous les services marchands prêts à assouvir toutes tes pulsions, tous tes fantasmes. Cette capacité du marché à satisfaire ne peut que déteindre sur les rapports entre les individus, puisqu'ils étaient eux-mêmes régis par les mêmes injonctions. Le marché valide constamment les démarches pulsionnelles et cette validation s'imprime dans les rapports entre les sexes. Il y a l'idée que quelque chose doit être

LE DIVIN MARCHÉ DE D-R DUFOUR

Publié en 2007 chez Folio, ce pamphlet critique sur un ton sarcastique la révolution capitaliste libérale. L'ouvrage dénonce, sous la forme de dix commandements édictés par le libéralisme, l'influence de ce système dans tous les domaines de la société : économie, art, inconscient… La critique du philosophe se base sur la conception erronée de la liberté, conçue comme un caprice et un désir de jouissance absolue. Ainsi, le culte du moi, exacerbé par le système économique et politique, mène naturellement à *l'ubris* et à l'égoïsme mis au service de la consommation de masse. ●

réalisé immédiatement, comme l'illustrent les applications de rencontre. J'étais dans le métro hier, et j'ai aperçu une affiche publicitaire pour une application. On pouvait y lire : « Une rencontre par jour. » On entend : vous devez réaliser vos passions, sans délai, et le marché vous soutient. Vous êtes dans l'air du temps. Autrement vous serez considéré comme un ringard, coincé dans l'ancien monde. Vous devez vouloir, nous dit le marché : vous devez jouir. C'est une injonction de la jouissance qui s'impose dans le rapport entre les individus.

En fin de compte, c'est la satisfaction du caprice individuel ?

Oui, il me semble que cette forme de présence des objets marchands qui nous environnent et promettent d'assouvir toutes nos appétences nous entraîne vers une infantilisation généralisée des rapports aux objets et aux autres. Car, comme des enfants, nous ne sommes plus capables de résister. Plus rien ne nous pousse à résister finalement.

Dans cette perspective du désir devenu jouissance, peut-on parler d'une disparition de la dimension morale dans le rapport à l'autre ?

Ce qui disparaît, c'est toute une dimension autrefois présente dans l'échange avec l'autre. Car dans une relation, une fois le désir sexuel et primitif assouvi, il reste tout de même tout un jeu de rapports qui fait qu'il y a peut-être d'autres choses à construire, qui implique du temps et des efforts, au-delà de la simple relation physique. Il existe indéniablement une construction culturelle entre nous, incarnée dans des formes de discours, d'attention à l'autre, d'affection, d'empathie ou de tendresse. C'est un rapport évidemment plus complexe qu'une simple réalisation sexuelle. Et c'est malheureusement cette complexité qui disparaît aujourd'hui. C'est une grande perte d'amour. On est souvent dans une situation de souffrance car on ressent indéniablement ce déficit en amour. On rencontre des gens qui souffrent de ce manque et le marché a créé pour eux une économie telle que l'on peut satisfaire cette absence par une satisfaction éphémère avec les réseaux sociaux où l'on quémande une reconnaissance immédiate mais souvent artificielle. 300 personnes applaudissent lorsque vous mettez une photo de vous, dans telle ou telle situation. Le marché, après avoir créé cette carence affective, se propose de nous consoler. On se fait un peu berner dans l'affaire… (*rires*)
Je crois donc que cela crée beaucoup d'affliction car les individus ne sont certainement pas bêtes. Ils sont conscients de ce manque. Ce n'est pas parce qu'on a changé le sens du mot *passion* qu'on est heureux. Aujourd'hui, on nous pousse à « vivre pleinement nos passions » comme si cela pouvait nous combler, mais il faut savoir qu'à l'origine le mot *passion* vient de *pathos,* terme grec qui traduit la souffrance. Il suffit pour s'en souvenir d'évoquer le sens de l'expression « la Passion du Christ ». À l'origine, ce mot évoque le *pathétique*, le *pathologique*, le fait de *pâtir*. Et il conduit à l'adjectif *passif* : en réalité, on subit ses passions plus que l'on ne les vit.
Vous savez, nous sommes des individus grégaires et ce qui nous définit c'est que nous avons une relation discursive avec l'autre. La désolation dans laquelle nous nous trouvons est due à l'isolement dans ce rapport à l'autre qui a remplacé le discours. Les échanges produits aujourd'hui avec nos semblables sont une forme de raccourcis du discours qui ne pallie pas vraiment le manque affectif. Je crois que la situation que je décris génère de la souffrance et de la solitude tant dans l'ordre de l'amitié que de l'amour. Je ne dis pas que c'était mieux avant, parce que la répression était forte. Mais aujourd'hui, on souffre de l'inverse. Nous sommes passés d'un extrême à l'autre.

« Vous devez vouloir, nous dit le marché : vous devez jouir. C'est une injonction de la jouissance qui s'impose dans le rapport entre les individus. »
Dany-Robert Dufour

Si l'on suit votre raisonnement, on ne peut s'empêcher de penser que ce genre de mode de vie a des conséquences sur

LA FABLE DES ABEILLES DE MANDEVILLE EXPLIQUÉE PAR D-R.DUFOUR (PUBLIÉ CHEZ AGORA POCKET EN 2018)

« Mandeville est un auteur peu connu et un peu dissimulé. À l'origine, c'est un psychiatre, il reçoit des gens dans des états de souffrance psychologique. Il remarque les souffrances des femmes et des hommes face aux interdictions, et la manière dont ils y réagissent : ils refoulent leurs frustrations. Pour guérir cet état de peine, il décide de faire parler ses patients, ce qui est une première forme de libération. Il invente la cure de parole. Seulement, il décide de transposer cette libération des passions pour la souffrance individuelle aux souffrances collectives. La maxime de Mandeville est la suivante : soyez aussi avides et égoïstes que vous pouvez l'être pour votre propre compte car ainsi vous ferez le bonheur de tous. "Les vices privés font la vertu publique." (Comprendre la vertu au sens de richesse). On passe d'un monde marqué par la pénurie à un monde marqué par l'abondance. C'est l'anthropologie libérale du capitalisme : il faut y aller, laissez parler vos vices, vous aurez des biens et un patrimoine à dépenser et ainsi vous ferez marcher l'économie, accroître la fortune publique. Une promesse est faite : si vous sortez des régimes répressifs des grands récits, alors s'ouvre un monde merveilleux. On est quand même en 1700, au moment de la naissance du libéralisme en Angleterre. La promesse qui est faite c'est la promesse de la démesure. Il ne faut plus tenir ses vices et il faut produire et consommer à outrance. Une période enchantée s'ouvre pour sortir le monde de la pénurie pour ouvrir à un monde caractérisé par la *pléonexie*. On est cependant à la fin de ce régime. Et on voit où cela nous a conduits : certes cette forme de politique a produit des biens en abondance mais on paye le prix de tout ça aujourd'hui. » ●

l'ensemble de l'humanité. Quel en est donc l'impact sur la planète ?

Cette crise, en effet, se situe au cœur d'un ensemble de crises, qui créent un cadre quelque peu apocalyptique. L'individu est en souffrance dans son rapport à soi, à l'autre mais aussi dans son rapport à l'environnement. À ce qui l'environne littéralement. C'est aussi un effet du marché, qui, pour produire tous ces objets, est obligé de puiser dans les ressources naturelles, sans limites. S'ensuit une exploitation à outrance qui provoque des effets de seuil du jour au lendemain. Tenez, par exemple, ce crayon, je le pousse au bord de la table, tout va bien, je le pousse encore un peu, et il perd son équilibre, soudainement. À un moment donné, tout bascule. Plus on produit, plus on salit le monde. On en demande toujours plus et on finira inévitablement par avoir de moins en moins. Cette mentalité s'oppose fondamentalement à la logique grecque de la *mesure* sur laquelle s'est bâtie notre civilisation. Cela implique un comportement mesuré non seulement vis-à-vis des autres mais aussi vis-à-vis du cosmos, qui forme un tout avec l'humanité. On est sorti de ce rapport pacifié avec la nature pour passer à la dictature de la démesure. Les Grecs appelaient ça *l'hubris* ou la *pléonexie*. Le terme *pléonexie*, sur lequel j'ai beaucoup travaillé jusqu'à publier un livre, est formé à partir des mots grecs *pleon* (beaucoup plus, davantage) et *ekein* (vouloir) et littéralement cela signifie : « vouloir posséder toujours plus », ou vouloir plus que sa part. Il en résulte que les cadres environnementaux, sociétaux et amoureux dans lesquels on évolue sont bousillés et épuisés. Le marché promet toujours plus mais il ne pourra pas tenir ses promesses éternellement.

Peut-on aller jusqu'à dire que nous vivons une crise civilisationnelle ?

Évidemment. Cela fait partie de mon travail de montrer la profondeur de cette crise civilisationnelle, qui fait que l'homme est à la fois comblé par les objets multiples qui l'environnent et abandonné. Il est libre mais en souffrance. Le déficit ainsi créé dans le rapport à soi-même et aux autres va jusqu'à affecter le politique – au sens de l'être-ensemble. Nos sociétés produisent en effet beaucoup de dépressions : jusqu'à 25 % de la population par roulement. La dépression c'est le mal du siècle. Avant les gens souffraient de ne pas pouvoir et ils étaient névrosés, maintenant qu'ils peuvent tout, ils sont déprimés.

Il semble impensable de revenir à un système de régulation figé comme il en existait autrefois. Et à la fois, on ne peut pas se satisfaire de l'état actuel des choses. Comment retrouver l'équilibre et l'harmonie qui nous manquent tant ?

Ce n'est pas parce qu'on a subi des règles abusives et répressives (concernant les femmes, les esclaves etc.) qu'il faut se diriger vers une libération complète des mœurs. Aujourd'hui, toute règle est perçue comme une oppression. Mais on a tout ce qu'il faut maintenant pour ne pas retomber dans les travers d'autrefois. L'enjeu, c'est de poser un certain nombre de limites nécessaires à l'être humain qui se conduit comme un enfant désabusé ne sachant plus vers où se diriger. Mais des limites qui n'entravent pas sa réalisation individuelle, bien au contraire.

Vous proposez donc de redéfinir l'individualisme ?

Je suis pour une réalisation pleine et entière de toutes les possibilités de l'individu car il ne faut pas qu'il soit borné quant à ses réalisations. Mais pour qu'il puisse réaliser toutes ses potentialités, il faut qu'il considère l'autre comme individu à part entière lui aussi, dans la mesure où l'individu a besoin de ses semblables pour s'accomplir, sinon c'est une réduction de ce dernier au pur ego qui conduit inévitablement à l'égoïsme. Je suis partisan d'un individualisme bien compris, dans lequel on considère que la présence de l'autre est nécessaire à notre propre réalisation et donc à notre propre bonheur. Et c'est malheureusement tout le contraire dans notre société où nous sommes dans des relations de force, de rivalité et de concurrence. L'accomplissement de l'individu, comme défini plus haut, dans la cité, est censé mener à un accomplissement collectif, tant sur le plan politique qu'amoureux.

Nous devons vous le demander : l'amour sauvera-t-il la planète ?

C'est une belle question. À laquelle je répondrais résolument « oui » si toutefois il s'agit de ce que les Grecs, fondateurs de notre civilisation, appelaient *éros* (l'amour sexuel), ou *storgê* (l'amour filial ou fraternel), ou *philia* (l'amitié impliquant une relation d'estime mutuelle) ou encore *agapé* (l'amour spontané du prochain, sans attente de réciprocité). Oui, car alors je veux que l'*autre*, celui que j'aime, puisse s'épanouir dans un monde vivable. Heureusement, ces formes d'amours existent encore, *mais*… Mais l'érotisme est assailli par le marché, un marché des corps, qui préfère la pornographie impliquant la vente des corps ou de leurs images. Mais les autres amours sont aujourd'hui en butte à l'amour de soi qui est exalté par la consommation qui promet la satisfaction de toutes ses appétences. Il résulte de ce que je viens de dire que certains amours sont des formes de résistance à la destruction du monde. Alors, résistons ! ●

Salut les amoureux !

Nathalie & Jean-Loup Cuiziniez

Avec la langue, c'est mieux !

C'est autour d'un Cointreau que le couple nous raconte son histoire. Jean-Loup Cuisiniez prend les devants : « *J'ai rencontré Nathalie le… attendez…* » Nathalie pique du nez pour cacher son amusement. « Le 14 novembre 1984 ! se reprend-il, je la revoyais le 21 novembre 1984 et le 25 novembre, je la demandais en mariage. » Voilà qui est bref et concis mais surtout, « *ça n'est pas un coup de foudre* » insiste Jean-Loup ! Cela relevait plutôt de l'évidence.

Dans les rues du vieux Chartres, parmi les maisons en colombage, à quelques pas de la splendide cathédrale, Jean-Loup et Nathalie habitent une petite bâtisse simple. Nathalie, la soixantaine, cheveux gris, ouvre la porte et affiche un sourire lumineux. Son mari Jean-Loup nous reçoit dans le salon, calé dans un profond fauteuil. Derrière leur simplicité et leur bienveillance, le couple entretien une profonde réflexion sur la « novlangue et la monoculture. » Jean-Loup détaille : « *J'ai lutté pour que chaque salarié puisse travailler dans sa langue. Travailler dans une langue qui n'est pas la sienne peut être angoissant.* » Celui qui a été fait Chevalier de l'Ordre des Arts et des Lettres et qui se pique d'être « *le seul fait chevalier pour une action syndicale* » poursuit : « *Le salarié perd ses repères, il ne peut pas s'exprimer aussi bien que dans sa langue, sa pensée est diminuée. Il peut perdre confiance en lui.* » Cela est parfois dangereux, lorsque les notices du matériel médical sont mal comprises par exemple, ou cocasse quand les traducteurs confondent *size* avec *high* et *sex* avec *gender* dans les formulaires.

Les mots bleus

Lorsque l'on parle dans une autre langue, la pensée s'appauvrit et s'assèche. Il en est de même pour l'agriculture. Nathalie, elle, a grandi dans le Limousin et a vu l'implantation des grandes fermes intensives et se réjouit d'observer une redécouverte de la vie paysanne. Les agriculteurs, tout au long du XXe siècle ont sélectionné les variétés de plantes pour une rentabilité maximale. Ainsi, alors qu'« à l'origine existaient quarante espèces de blé, il n'en reste que quatre ou cinq aujourd'hui ». Cet appauvrissement a modifié les différentes protéines présentent dans le blé, multipliant les intolérances au gluten par exemple. Les sols de ces cultures deviennent arides, privés de matières organiques. La diversité est essentielle autant pour la langue que pour l'agriculture. Elle développe l'attention et dispose à l'écoute. L'écoute, une attitude que le couple, formateurs Billings, connaît bien. L'amour de l'autre « *le b.a.-ba de l'écologie* » résument-ils. Mais là, ce sont souvent des mots qu'on dit avec les yeux. ● **LdlB**

Amour & psycho

La nature de nos maux

Qu'est-ce que les évolutions contemporaines de l'amour nous disent de notre société? Y a-t-il un lien entre la précarité familiale et la crise écologique? Nous avons demandé à une psychologue sociale de nous faire part de son expérience. Khadija Aït Hammou a grandi dans le Pas-de-Calais au sein d'une famille ouvrière. Diplômée de Paris VIII en psychologie sociale et en psychothérapie, elle exerce en cabinet libéral à Bordeaux et en tant que bénévole dans une association de quartier.

Par Khadija Aït Hammou
Psychologue

Illustration de Marie-Anne Bezon

Ce qui me frappe le plus chez les personnes qui consultent est sans doute la très grande difficulté à l'engagement, puis à la stabilité dans une relation amoureuse. Rencontrer l'autre, entrer en relation, puis faire couple et penser la famille: ces étapes prennent beaucoup de temps, mêlées à des indécisions et beaucoup de doutes. Souvent la dernière étape n'est pas souhaitée, le désir d'enfant est de moins en moins au rendez-vous: c'est un fait très nouveau. Un couple me disait récemment: *« Quel avenir allons-nous leur offrir? Quelle planète? Et puis, on n'arrive déjà pas à s'en sortir à deux, alors à quoi bon? »*

Je suis de plus confrontée à la complexité des couples mixtes (religion, cultures, classes sociales, âges…) et des couples homosexuels. Les paramètres de la vie amoureuse sont bien plus flous et exigeants qu'il y a cinquante ans (où le couple n'existait pas en soi). Il faut désormais « faire couple » parce que la famille n'a plus rien d'évident. Cela s'explique par un décalage toujours croissant entre ce que les âmes en quête de l'amour « de leur vie » souhaiteraient être (envies profondes refoulées, fantasmées…), ce qu'elles sont réellement (racines, cultures, difficultés…) et ce qu'elles laissent paraître (pression sociale, injonction au bonheur…). Notre époque invite la complexité dans la simplicité de la vie à deux. D'autant que libéralisme déverse insidieusement ses aspects les plus sordides dans les rapports amoureux et familiaux: la logique de la consommation fragilise l'éthique du don, l'intérêt individuel prime sur la responsabilité commune.

Explosion nucléaire

J'observe que les familles recomposées ou monoparentales sont bien plus fragilisées que le modèle familial dit « traditionnel ». L'absence criante du père laisse souvent les femmes assumer seules les diverses problématiques éducatives (scolarité, règles de vie, autorité, finances…). Qu'il y ait des séparations et que les hommes et les femmes ne se reconnaissent plus dans le couple qu'ils ont construit, est une chose parfois salutaire pour les deux, mais cela ne doit pas leur faire oublier le devenir des enfants issus de cette union. Si le couple conjugal disparaît, l'enfant doit être assuré et rassuré quant à la permanence du couple parental. En effet, les séparations brutales peuvent être pour les enfants des sources de retentissements psychiques destructeurs dont les parents n'imaginent même pas la profondeur.

Je travaille aussi beaucoup avec des familles françaises de confession musulmane qui sont loin d'être épargnées par ces difficultés. Bien au contraire, leur occidentalisation rapide a fait voler en éclat les structures traditionnelles rassurantes. On est souvent passé très rapidement de familles élargies à des familles nucléaires, ce qui a favorisé l'individualisme d'individus jaloux de leurs désirs et de leur liberté. Il ne faut pas oublier que les premières générations de primo-migrants venues du Maghreb sont arrivées dans le contexte post-Mai 68. D'une culture traditionnelle et patriarcale, cette génération a été directement confrontée à une société « libérée » sexuellement, ce qui a placé la deuxième génération face à un dilemme, entre tradition et modernité. Puis, avec l'accultu-

ration, les familles de confession musulmane suivront la courbe générale des divorces et des déstructurations familiales. Dans ces familles, la place du père, jadis un pilier, a été brusquement déplacée.

Pour une écopsychologie

L'écopsychologie étudie l'effet de la nature sur l'équilibre psychologique des êtres humains : le bien-être du vivant et le bien-être planétaire sont vus comme interdépendants. Cette approche appréhende donc la crise écologique par sa racine, en allant explorer les causes profondes de nos comportements, mentalités et valeurs culturelles à l'origine de la crise écologique. L'être humain étant un tout, il doit se penser de façon cohérente : notre « environnement » est à la fois naturel et social, il intègre nos relations interpersonnelles (famille, amis, collègues, voisins…).

Il me semble que l'on ne peut s'engager écologiquement sans penser la globalité du vivant (flore, faune, humains) et de l'inanimé (environnements matériels, infrastructures). En consultation, je mène un travail sur la question du lien, de l'impact, et de la répercussion des paroles, des actes sur les conjoints, leurs partenaires, les enfants, les amis, bref une vraie réflexion qui convoque tous les domaines, une écologie globale, interrogeant la toxicité de certains liens (amoureux, familiaux, amicaux, professionnels…) mais aussi la toxicité de certains environnements (urbains, ruraux, entreprises, différents lieux de vie…). Ainsi observe-t-on que l'équilibre du couple et de la famille dépend de l'équilibre de chaque membre. Un travail sur soi – par exemple

> L'être humain doit se penser de façon cohérente : notre « environnement » est à la fois naturel et social, il intègre nos relations interpersonnelles.

sur son rythme de vie (disproportion entre le temps de travail, le temps conjugal et familial, et le temps de loisirs personnels) – peut permettre de retrouver ou d'entretenir ce qui est essentiel en régulant ce qui est périphérique.

Penser l'écologie au niveau psychologique implique donc de prendre en compte les différents champs de forces (personnels, sociaux, politiques, environnementaux, etc.) dans lesquels chacun de nous s'inscrit. Cela nous permet de mieux mesurer notre énergie de conservation (de soi, de l'autre, du couple, des enfants, de la famille), ainsi que notre capacité de résilience (capacité à surmonter une crise). Quand une épreuve survient, nous avons besoin de temps pour penser (et panser) nos difficultés, en allant à leurs racines, surtout dans un couple. Je pense à ce patient qui, découvrant l'infidélité de sa femme, avait décidé, de rage, de divorcer, malgré leurs quatre enfants, sans rien entendre des circonstances de cette infidélité. Grâce à la présence d'un tiers neutre, à des mises en situation, des retours en arrière, le long travail en séance aura permis de mettre en lumière les agissements de chacun, et surtout les besoins et les manques des deux partenaires de vie. Rebondir après une épreuve dans le couple (adultère, maladie…) demande de l'empathie, mais aussi la faculté à pardonner.

L'écopsychologie me semble donc être un appel à vivre plus simplement en adoptant une « théorie de l'essentiel » qui nous permette, corps, esprit et âme, d'habiter ce monde plus sereinement.●

Fabienne Kraemer

« Il faut en finir avec l'obsolescence programmée du couple »

Psychanalyste et médecin de formation, Fabienne Kraemer est passionnée par le couple. Elle a publié plusieurs livres sur cette thématique dont *Solo, no solo. Quel avenir pour l'amour?* et *21 clés pour l'amour slow*. Lucide sur les difficultés de l'engagement amoureux de nos jours, elle mêle à cette vision une sensibilité fortement écologiste allant même jusqu'à comparer l'état de l'amour dans notre société occidentale à celui de la Terre. Pure parisienne, elle a tout plaqué il y a huit ans pour s'installer dans le Sud de la France, dans un village authentique près d'Arles. Nous sommes allés à sa rencontre, le temps d'un déjeuner et d'une balade ensoleillée dans les Alpilles.

Propos recueillis par Clémence Barral
Rédactrice en chef adjointe Culture

Illustration de Nicolas Pinet

Pourquoi vous êtes-vous intéressée à cette notion de l'engagement amoureux?

C'est très lié à mon histoire personnelle. Je suis d'une longue lignée de femmes divorcées et j'ai été marquée par ces histoires-là. Quand j'ai moi-même divorcé au bout de 21 ans de mariage, cet échec-là m'a rendue très malheureuse. En devenant psychanalyste, je me suis rendu compte que seul ce sujet m'intéressait. À travers ce que j'observe avec mes patients et à travers le témoignage de mes enfants, j'ai constaté qu'il y avait toute une génération qui n'était même pas sûre de finir en couple. J'ai donc écrit mon livre *Solo, no solo. Quel avenir pour l'amour?* sur l'idée que la génération Y (ou également appelée « Millennials ») est prise dans le monde des images, coincée par Internet et les applications de rencontres. À la suite de ce travail de compréhension, j'ai voulu proposer des solutions à travers un autre livre *21 clés pour l'amour slow*. C'est dans ce livre que j'établis un parallèle entre l'écologie environnementale et l'écologie de la relation affective. Cette société qui s'essouffle sentimentalement, est-ce qu'elle ne vivrait pas les mêmes termes que la collapsologie? Est-ce qu'on ne ferait pas face à celle du désir? Sur ce sujet-là, le dernier livre de Michel Houellebecq, *Sérotine* m'a profondément marquée, c'est un livre visionnaire. Houellebecq met en scène exactement ce que je dis: la collapsologie du désir. L'humain n'a plus envie de rien à cause de tout ce qu'il a consommé, on l'a gavé. Pour moi, nous allons clairement dans cette direction.

« La société de consommation a tué toute imagination et ne permet d'imaginer que ce qui est proposé en magasin. »
Fabienne Kraemer

Dans vos écrits, vous attestez que les jeunes générations traversent une crise de l'engagement. On constate une hausse significative du nombre de célibataires en quelques décennies, l'augmentation toujours plus constante de divorces, surtout après les cinq premières années de mariage, le premier enfant qui se conçoit de plus en plus tard… Pour vous, l'une des causes essentielles à cette crise serait notre société de consommation.

L'engagement passe par l'acceptation et la gestion de la frustration. Or, il y a toute une génération qui a été élevée en entendant « *jouissez sans entraves, profitez, soyez vous-même* », etc. Les générations précédentes – leurs parents – ont cru que c'était la solution. Le corollaire du couple, c'est pourtant qu'il faut apprendre à gérer la frustration, faire des compromis, apprendre à connaître l'autre. Du coup, comme ils ont eu la consommation facile, ils n'ont pas envie de se contraindre. Avant on se séparait pour des violences conjugales, parce qu'on ne s'entendait plus ou parce que l'un des deux est allé voir ailleurs. Aujourd'hui, quand on demande aux gens pourquoi ils se séparent, ils répondent qu'ils s'ennuient: « c'est la routine ». Mais la routine c'est inhérent à la vie! Mes grands-parents, qui étaient dans un bonheur absolu, c'était le culte de la routine, la beauté de la routine. Avoir peur de la routine, c'est avoir peur de la vie. D'autant plus que nous allons vivre de plus en plus vieux donc il va falloir faire face. Il faut habiter notre routine. En réalité, l'entrave est inhérente au désir et à la jouissance mais plus personne n'a envie de tramer quoique ce soit. Dans une société marchande telle que la nôtre, renoncer à l'idée de tous les autres pour le choix d'un seul relève de l'incongru. Les gens ont peur, en s'engageant avec une personne, de perdre des choses, de passer à côté d'expériences, on se trouve dans une logique où l'on veut profiter de tout. Par ailleurs, cette idée que le fait de pouvoir consommer réduira tous nos problèmes et amoindrira nos souffrances est totalement illusoire. Je le vois à travers les consultations en tant que psychanalyste, que vous

LA FABRIQUE DES ÉMOTIONS

Sauriez-vous distinguer vos sentiments réellement éprouvés de ceux résultants uniquement d'une simple simulation? Comment déceler l'authenticité de nos émotions alors que celles-ci sont dorénavant de plus en plus provoquées par la logique capitaliste? C'est là toute la réflexion de la sociologue franco-israélienne Eva Illouz dans son nouveau livre *Les Marchandises émotionnelles. L'authenticité au temps du capitalisme.* La directrice d'étude à l'EHESS et enseignante à l'université de Jérusalem dénonce dans un premier temps l'influence extérieure de la consommation et du « branding émotionnel » sur nos sentiments. Le cœur de sa thèse va pourtant plus loin. Eva Illouz affirme que nos sentiments eux-mêmes ont pris la forme de marchandises, créant ainsi des « emodities », contraction de « emotional commodity ». Ces marchandises émotionnelles seraient produites par des industries aussi diverses que celles du tourisme avec l'expérience du Club Med, du cinéma, de la musique avec sa stimulation émotionnelle volontaire, de la pornographie, de la psychothérapie avec « l'idéal de la santé mentale et de l'amélioration de soi » ou encore du développement personnel et sa tyrannie du bonheur. Eva Illouz constate, dans cet ouvrage collectif, la main basse du capitalisme sur nos vies psychiques et affectives. Nos émotions sont devenues un marché à part entière et cela, avec la complicité objective des individus qui recherchent et s'approprient volontairement les « stimuli » qui leur sont proposés, dans une quête d'états émotionnels. Un phénomène de notre modernité qui mettrait en péril une réalité qui n'a plus que pour seul horizon l'émotivité. • ***CB***

LES MARCHANDISES ÉMOTIONNELLES
Eva Illouz
Premier Parallèle
424 p. – 24 €

soyez riche ou pauvre, le degré de malheur ou de bonheur est le même. La possession n'a jamais rendu individuellement plus heureux que la non possession, on est complètement à côté de la plaque. Notre société a juste réussi à mettre au monde des individus qui ne savent plus aimer, qui ne savent plus s'attacher, qui ne sont plus capables de se désirer. Prenez cet exemple frappant, dans les années quatre-vingt le nombre de rapports sexuels pour un couple en moyenne par mois était de sept, aujourd'hui il est de quatre [Voir notre enquête p.76 *Récession sexuelle, pourquoi la France bande mou.* N.D.L.R.].

Cette crise de l'engagement est-elle subie par les jeunes générations ou sont-elles actrices de cette transformation ?

Il faut se rendre compte que maintenant, les individus paient pour rencontrer quelqu'un. Prenez les applications de rencontre, elles sont construites sur un chemin de consommation. Globalement elles n'ont aucun intérêt à ce que vous rencontriez quelqu'un car leur système économique est basé sur le nombre d'abonnés. Même s'ils n'ont pas d'intentions mauvaises au départ, ils sont dans un système économique qui génère de la perversion dans la relation amoureuse. Au fond, les gens veulent l'amour, le vrai, le grand, le durable. Ils souffrent, ils ont envie de ça. Ce n'est pas volontaire. Mais pour autant on ne met rien en œuvre pour que l'amour soit durable. On nous apprend depuis toujours à travers les dessins animés, les séries et les films à l'eau de rose que l'amour doit être spontané, naturel, sans effort, que l'on doit être amoureux toute notre vie. Alors que ce n'est pas ça l'amour ! Le couple s'est calé sur cette idée de consommation. Pour évoluer il faut passer par des actes, il faut retrousser ses manches et s'y atteler. La société prône des schémas qui ne vont absolument pas dans le bon sens. Je me suis beaucoup intéressée au phénomène de la série *Friends*. Quand on demande aux filles qui elles aimeraient être dans la série, elles répondent en majorité Rachel. Rachel, la fille qui a tout raté. Qui se marie parce qu'elle est bourrée, qui fait un enfant parce qu'elle est bourrée, incapable de dire à un homme qu'elle l'aime, qui enchaîne les relations éphémères. Par contre Monica et Chandler, en couple pendant des années, avec leur quotidien, leurs habitudes, ça ne fait rêver personne. Sauf qu'ils font l'amour souvent, sont les meilleurs amis du monde, ont plein de projets et ne se séparent pas quand elle ne peut pas avoir d'enfants. J'ai trouvé cette série extrêmement symptomatique de ce qui se passe aujourd'hui et je pense qu'il y a pas mal de gens qui ont été biberonnés à cette image-là. La société de consommation a tué toute imagination et ne permet d'imaginer que ce qui est proposé en magasin. Nous n'avons jamais été aussi homogames (le fait d'avoir un conjoint appartenant au même groupe social que le sien) que maintenant, alors que nous avons des applications qui nous offrent le monde entier. On devrait voir flamber la mixité, mais on préfère chercher quelqu'un qui nous ressemble car cela procure un sentiment sécurisant. L'individualisme est aussi un des symptômes de cette crise de l'engagement. On entend partout qu'il faut se réaliser seul avant d'être à deux, qu'il faut réussir professionnellement, qu'il ne faut surtout pas faire de compromis pour autrui sous peine d'avoir raté sa vie. Cette vision n'a aucun sens profond, sinon celle qui nous encourage à devenir de bons petits soldats du grand capital. Je pense, au contraire, qu'on n'est jamais autant soi-même qu'à travers l'autre. Il y a aussi un élément intéressant à souligner : être célibataire aujourd'hui n'est plus autant craint qu'auparavant. Le célibat est vécu positivement, la personne a une vie sociale riche, est libre et autonome et symbolise en fin de compte une sorte d'aboutissement réussi de la quête d'individualisme prônée par la société.

> *« L'amour est une course parallèle à l'écologie. Les relations affectives souffrent exactement des mêmes maux que l'environnement, c'est-à-dire de la consommation excessive et de l'accélération. »*
>
> Fabienne Kraemer

S'engager a-t-il toujours un sens de nos jours ?

Pour moi, l'engagement a un sens oui, c'est celui de la persévérance. Pour les jeunes générations, c'est plus difficile qu'autrefois. Avant il y avait un schéma ancré pour s'engager : fonder une famille. Aujourd'hui, ce n'est plus forcément lié à ça, les jeunes se demandent à juste titre « à quoi bon persévérer, à quoi bon souffrir par plaisir ». Je comprends les générations qui ont assisté au divorce de leurs parents, il y a un désenchantement par rapport au projet de vie, il n'y a plus vraiment de fascination amoureuse. C'est pour cela qu'il faut sortir de nouveaux discours et expliquer que c'est aussi un projet, non pas individuel, mais un projet de société. Nous ne sommes plus capables de faire de la place dans notre intimité à un autre, et si on ne va plus à l'école de l'altérité, on devient totalement individualiste. Si on veut sauver l'humain, il faut sauver le couple et trouver du sens, cela passe par l'engagement, j'en suis persuadée. Il faut s'axer sur le couple durable et en finir avec cette obsolescence programmée du couple qui est à l'œuvre. Dans notre société actuelle, le couple parental et le couple amoureux se sont séparés. Puisque la procréation médicalement assistée (PMA) existe et que l'on peut espérer qu'elle soit accessible à tous un jour de façon égalitaire quelle que soit notre orientation sexuelle, nous avons à réinventer le couple en dehors du contexte pur de la reproduction. Il faut alors qu'il trouve une autre raison d'être. Son sens découle de l'altérité, c'est mon intuition, si on réfléchit c'est le seul moment dans notre vie où on est amené à faire une place au plus proche de nous, dans l'interpénétrabilité, à quelqu'un qui nous est consciemment étranger, de même sexe ou non d'ailleurs, car l'altérité reste présente même pour un couple homosexuel. Il n'y a que dans la relation amoureuse que l'on fait de la place à quelqu'un qui n'a pas la même histoire, qui n'a pas les mêmes origines et qui n'a pas les mêmes gènes. Je ne vois pas d'autres exercices aussi intéressant en dehors de celui-là. Le couple c'est l'altérité, si on ne défend pas ça, petit à petit, on génère des individus qui se retrouvent avec la peur de l'autre. Il faut prendre des risques dans la vie, si on n'en prend plus, on est anesthésié. Certes, on souffre moins, mais on aime moins aussi.

Vous mettez en évidence un parallèle prenant entre la crise amoureuse et la crise écologique. Pouvez-vous nous en dire plus ?

L'amour est une course parallèle à l'écologie. Les relations affectives souffrent exactement des mêmes maux que l'environnement, c'est-à-dire de la consommation excessive et de l'accélération. Trop de consommation, trop de rapidité épuise le terreau affectif. Je pense que l'amour doit sauver la planète, c'est l'idée que je défends. Je dis toujours que j'œuvre pour le développement durable de l'amour et contre l'obsolescence programmée des couples. Les gens vivent dans un monde de plus en plus virtuel et échappent à la réalité, à la réalité des moments simples : avoir du soleil sur la peau, être ébloui, sentir les choses. Sauver la planète, ça passera par un retour à l'ancrage, par mettre les mains dans la terre. De même pour le couple, il faut retrouver de l'ancrage dans sa relation, se coller à l'autre, respirer son odeur, savoir ce que c'est qu'un corps. Dans une société aussi individualiste que la nôtre, il est grand temps de se dire que nous devons sauver notre couple. Au même titre que nous devons sauver notre Terre. ●

à lire

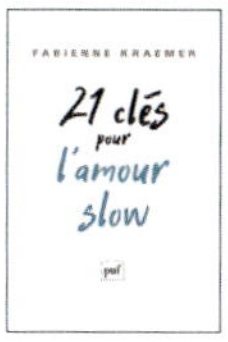

21 CLÉS POUR L'AMOUR SLOW
Fabienne Kraemer
PUF
152 p. – 12 €

SOLO, NO SOLO. QUEL AVENIR POUR L'AMOUR ?
Fabienne Kraemer
PUF
240 p. – 15 €

Aimer, pour un autre rapport au monde

C'est le printemps. Et tandis que nos âmes s'émerveillent devant les premiers bourgeons, les embryons floraux et les chants des oiseaux (pour ceux qui peuvent encore les entendre au milieu des pétarades carboniques), la saison des amours nous amène à nous poser quelques questions sur nos relations sentimentales. Toujours dans une quête de sens au sein d'une existence bien compliquée sous ses faux airs de facilité.

Par Marion Messina

Romancière, auteure
de *Faux départ* (Le dilettante)

C'est un constat qui a sûrement déjà été fait : nous vivons une époque troublée dans laquelle tout ce qui allait auparavant de soi devient complexe ; nous sombrons au fil des ans dans des situations inextricables faute de repères, et avec l'ambition prométhéenne de brouiller toutes les pistes et d'arracher les balises des sentiers tracés par la tradition. Aussi faisons-nous de nos amis nos amants, de nos ex-amants nos amis, de nos collègues nos confidents, de nos responsables hiérarchiques nos camarades, de nos enfants nos complices, de nos parents des étrangers et de nos plus proches amis des frères et sœurs de substitution. Tout se vaut, tout est égal, rien importe. L'indifférence et l'indolence sont des symptômes de mal-être bien plus prégnants que la violence et l'agressivité. Le visage même du vide a changé. Et c'est toujours avec surprise que l'on découvre que la bobine affable à l'haleine d'éthanol croisée fréquemment en soirée est celle d'un être à bout de forces qui finit par s'effondrer sur la table en sanglots dans un de ces trop rares moments de vérité.

Nous peinons à communiquer sincèrement dans une société marquée par l'injonction du bonheur. Nous ressentons beaucoup de difficultés à exprimer un chagrin ou un malaise sans origine pécuniaire ou matérielle. Se laisser faire par la vie est devenu impossible par l'illusion qui nous a bercés depuis l'enfance de pouvoir tout décider et contrôler. Il n'y a qu'à repenser au nombre de fois où une tante au troisième degré nous a demandé alors que nous n'étions qu'en moyenne section de maternelle quelle place nous comptions occuper plus tard, quand sera venu le moment de pénétrer le marché opaque et hostile du travail. Ou encore à tous ces adultes qui imaginaient notre future profession en s'attardant sur un détail : écouter le cœur de sa peluche pouvait permettre de déceler le futur cardiologue, trois pas de danse suffisaient pour devenir petit rat de l'opéra, aimer grimper aux arbres était un signe sûr de potentiel exceptionnel pour l'alpinisme. Las, aucun de ces adultes bien intentionnés et accros à la planification ne nous aurait imaginé consultant en consulting, chargé de projet pour une association loi 1901, chief happiness officer ou livreur de sushis à vélo.

Devenir inapte à se laisser porter par les événements, être incapable au détachement et au renoncement, rend imperméable à la possibilité du bonheur. On ne se monte pas en ménage (heureux) lorsqu'on le décide. Il n'y a jamais de moment idéal : une bonne nouvelle vient inévitablement toujours foutre à l'eau un projet fomenté sans elle. Une application programmée sur le plus efficace des algorithmes peut trouver des affinités avec des millions d'individus ; or, l'individu fait pour vous peut n'avoir aucun goût commun, aucun caractère physique pour vous plaire. L'amour fait abstraction de nos critères objectifs et de la mercatique 2.0. Un amour qui débarque dans une existence est avant tout une expédition au plus profond de soi-même, une rafale intérieure qui vient déraciner les certitudes et renoncements les plus ancrés. L'amour exige un dépassement de soi et une culture du compromis sur certains aspects auxquels le célibat longue durée ou l'enchaînement de relations stériles, qui revient au même, rend particulièrement indisposé. Le culte de l'individu assorti d'une définition biaisée de la liberté (qui se résumerait à une absence de contraintes et de responsabilités) finit par faire du couple un fantasme irréalisable en ce bas monde : une condition inatteignable dans laquelle un double idéalisé et inexistant s'adapte à notre vie, à notre rythme et à notre quotidien, là où la réalité de l'amour exige d'accepter la transformation, la mutation absolue de notre existence.

> *Le culte de l'individu finit par faire du couple un fantasme irréalisable en ce bas monde.*

Le courage de l'accueil

Le parallèle peut être établi avec l'accueil de l'enfant. Si on regarde froidement l'arrivée d'un être parfaitement non autonome dans le foyer d'un adulte jusqu'alors entièrement consacré à la réalisation de ses désirs et orienté vers lui-même, la perspective est glaçante. Si on voit la métamorphose du second dans l'évolution

du premier, l'idée d'accueillir une vie auprès de soi se transforme en aventure émotionnelle et en sublimation des instants les plus ordinaires.
Il serait chose trop facile de blâmer la seule époque ou la société dans laquelle nous avons été catapultés il y a vingt ou trente ans. Relire (ou simplement penser à) Shakespeare ou Balzac nous permet de nous remettre en tête que les vices et désirs de l'être humain n'évoluent que très peu au fil des siècles. L'*hubris* et l'*ego* sont les vecteurs de nos ennuis, les responsables de nos troubles ; nous sommes généralement victimes de nous-mêmes : en refusant de dire « non » en pensant à l'image que l'on risque de projeter de soi, en ne parvenant à couper les ponts avec des nuisibles, la faute à la représentation d'un soi-même superbe et supérieurement patient, le piège de la prétention à la sainteté, en choisissant son entourage sur des critères matériels et/ou superficiels, en calculant l'imprévisible, en tâchant de se raccrocher à une rationalité mauvaise conseillère, en se méfiant de ce qui semble inexplicable.

Aimer, c'est se jeter dans le vide, la prise de risque absolue, car en donnant tout on risque de tout perdre, là où l'aventure sans lendemain ou la liaison périssable qui débouche potentiellement sur une camaraderie un peu salace ne laisse aucun stigmate au moment de l'interruption. C'est aussi ce qu'il y a de plus « décroissant » au monde, pour en revenir à des aspects terre à terre. La seule présence de l'être aimé vous suffit pour vivre et vous sentir vivant. Aucun achat, aucun investissement et aucune prévision d'acquisition de gadget, même le plus ergonomique et réputé le plus simplificateur des petites tâches quotidiennes ne peut alléger et sublimer votre vie comme la personne pour laquelle votre être vibre. Aucune méthode de développement personnel, aucun

Une journée simple et au foyer sans dépenser un seul centime donne autant de stabilité émotionnelle à l'individu que de frustration au mode de production capitaliste.

gourou, aucun coach, aucun manuel et aucune montre connectée ne vous apportera la paix intérieure, la sécurité, la stabilité et la santé mentale que vous ressentirez auprès de celui ou celle que vous aurez eu l'audace d'accueillir.

L'amour, foyer de résistance

La société de consommation repose sur la destruction des liens organiques et affectifs, sur l'atomisation des individus contraints de monnayer les services auparavant fournis gratuitement par la cellule familiale et la communauté ; la réintroduction du couple aimant et solide au sein des existences est une parade radicale aux offensives marchandes. Une journée simple et au foyer sans dépenser un seul centime donne autant de stabilité émotionnelle à l'individu que de frustration au mode de production capitaliste dont la prospérité repose sur les névroses que la consommation prétend faire oublier (en en générant de nouvelles, de manière exponentielle au cours des années). Un couple stable qui se nourrit de lui-même sans se phagocyter, une unique entité dans laquelle s'épanouissent deux vies unies et deux personnalités liées ne communique aucune donnée aux sites de rencontre – un euphémisme pour plateforme en ligne pour rencontres sexuelles à usage unique.

La question de la fidélité sexuelle, sans aucune microdose de morale puritaine – est un rempart contre l'invasion marchande qui s'aventure désormais jusque dans nos sous-vêtements. La fidélité amoureuse, sur les plans affectif et physique, permet de canaliser son énergie sur des projets de long terme et menés à deux ; elle permet de garder les idées claires, débarrassées des obsessions inhérentes au papillonnage et à l'angoisse de la couche vide. L'énergie économisée par l'exclusivité d'un « partenaire sexuel » se reporte sur une formation intellectuelle, une remise en question du monde, une quête de solutions et une mise en place d'alternatives avec d'autres esprits sains. Imaginez-vous des habitants d'éco village ou de petites communautés autonomes connectés à *Adopte un mec* avec son logo d'être humain balancé dans un caddie d'hypermarché ?

La société marchande favorise l'instabilité sexuelle qui ouvre des marchés, comme le démontrent les immenses publicités dans le métro pour des applications triolistes et « libertines » en toute discrétion. Si la « décroissance » implique un autre rapport au monde, elle implique de fait un autre rapport à l'Autre. Plutôt que de voir la sexualité comme un bien de consommation, un délire périssable et soumis aux normes culturelles du moment dictées par les règles de la mercatique, plutôt que de marchandiser le corps de la femme, il ne peut que s'avérer bénéfique de garder les plus belles choses pour les plus belles personnes, sans pour autant faire l'impasse de la complicité, de l'audace et de la volupté. ●

FAUX DÉPART
Marion Messina
Le dilettante
224 p. – 17 €

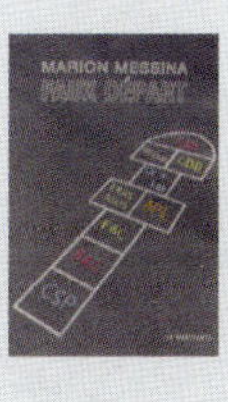

Deux visages à la fenêtre - Marc Chagall

Friendzone à défendre

Avez-vous déjà entendu parler de la *Friendzone*? C'est un endroit dans lequel on se trouve enfermé lorsque, mazette, on aimerait vivre une relation amoureuse mais qu'on est forcé de s'en tenir à de l'amitié. Une zonzon pour les éternels meilleurs amis. Mais derrière la nouveauté dont se fard cet anglicisme se cache une réalité historique. Dans son roman *Clélie, histoire romaine*, Madeleine de Scudéry décrit avec précision des régions du cœur que les individus traversent lorsqu'ils se rencontrent. Et face à la confusion des sentiments, toutes les régions du cœur ont besoin de leur zone à défendre.

Par Camille Dalmas
friendzoner en chef
avec François-Xavier Moisan
friendzoner en chef adjoint

Illustrations de Charlotte Guitard

Quand on parle de sentiments, sujet indispensable et inépuisable, il est remarquable qu'on se retrouve aussi souvent à envisager la question de l'amitié et de l'amour comme deux pôles opposés d'une même planète.

Ainsi, nous dessinons en fait une sorte de « Corée de Tendre » : dans celle-ci, on trouverait au Sud le royaume libre d'Amitié, au Nord l'imprenable et exclusive dictature de l'Amour, et entre les deux, une zone grise qu'on nommera « *Friendzone* démilitarisée », une zone grise où se perdent les oubliés et apatrides du cœur. En ce monde fabuleux, on raconte que l'Amour et l'Amitié se seraient jadis livrés à une terrible guerre, de sorte qu'il n'est plus possible aujourd'hui pour l'habitant d'Amitié

de se rendre sur les terres d'Amour, et vice versa, car celui qui s'y risquerait finirait, dans quasiment tous les cas, par connaître l'errance douloureuse de l'homme sans patrie, parmi les terrains vagues sentimentaux et les friches affectives de la fameuse *Friendzone*.

Les différentes facettes de l'amour ne sauraient cependant se limiter à une géopolitique aussi binaire. Mais avec l'introduction dans le vocabulaire contemporain du terme de *Friendzone* – cet espace dans lequel se trouve enfermé celui qui aimerait vivre une relation amoureuse mais est « forcé » à s'en tenir à l'amitié – a ceci d'intéressant et d'amusant qu'il entend proposer une géographie des sentiments. Fort ironiquement d'ailleurs, le mot zone vient du latin *zona*, la ceinture, qui décrit tout autant l'accessoire qui empêche le pantalon de tomber que l'espace qui entoure la cité fortifiée mais n'est pas pour autant la campagne. La *Friendzone* serait donc une sorte de banlieue sentimentale.

Cartographie du friendzoner

Une telle géographie est cependant insatisfaisante en ce qu'elle ignore tout relief et toute subtilité. La terre des sentiments peut aussi être perçue tout à fait différemment : prenons l'exemple proposé par Madeleine de Scudéry qui lança au XVIIe siècle la mode de la géographie sentimentale dans *Clélie, histoire romaine*, roman dans lequel elle inventait la fameuse « Carte de Tendre ». Son héroïne Clélie, modèle de probité de la République romaine, connaît de nombreux prétendants. Pour les orienter, la vertueuse aristocrate décide alors de proposer les contours d'un pays imaginaire, Tendre, sur les routes duquel ses courtisans s'acheminent en quête de son amour.

Tout commence pour eux à Nouvelle-Amitié, une imposante ville située tout en amont du Fleuve Inclination : de là, les galants partaient s'égarer sentimentalement entre le Lac d'Indifférence et la Mer d'Inimité, en quête d'une mystérieuse « Terra Incognita ». Du point de vue de Clélie, que représente cette carte, il n'y a pas de *Friendzone*. Elle propose néanmoins un singulier « chemin de la reconnaissance » : en partant de Nouvelle-Amitié et en se dirigeant vers le bourg de Complaisance, on peut emprunter d'abord une route qui, si on la suit, mène au bourg de Soumission. Viennent ensuite les lieux-dits Petits-Soins et Assiduité, suivis des villages d'Empressements et de Grands-Services, les hameaux de Sensibilité et de Tendresse, et enfin deux autres localités nommées Obéissance et Confiante-Amitié.

Pour notre époque, ce chemin ne saurait être vu autrement que comme la voie royale – ou le chemin de croix – menant au triste Royaume de la *Friendzone*. Et si ce n'est de la pitié, c'est souvent un ricanement bien peu charitable qui accompagne les pas d'un homme perdu dans une telle passe... pour ne pas dire impasse.

Il n'en est rien pour Clélie. Après Nouvelle-Amitié se trouve en effet la ville de Tendre-sur-Reconnaissance, qui ouvre la voie, tout comme le fleuve Inclination ou le fleuve Estime, vers la Mer Dangereuse, sorte d'« isthme des passions » où le voyageur peut soit s'échouer, soit franchir les courants périlleux et rejoindre les vertes plaines des Terres Inconnues de l'Amour...

Le chemin, la vérité, l'amie

Oui, tout cela est un peu niais et n'a pour horizon que la conquête amoureuse mais a au moins le mérite d'être autrement plus subtil que la « Corée de Tendre » que nous proposions plus haut. Et une telle géographie est d'autant plus louable, malgré une certaine candeur, qu'elle se propose au moins de donner aux affections des places et des lieux, preuve que celles-ci existent bien.

Dans ce monde-ville tentaculaire, il est indispensable de mettre en place des ZAD.

Elle est en cela nettement plus lisible qu'une autre carte très à la mode depuis quelques années – une carte bien inutile à notre avis – qui nous dessine un monde où les sentiments n'ont pas de frontières. Voilà une terre où les royaumes d'Amour et d'Amitié n'existent tout simplement pas, mais où seul s'étend une sorte d'« Empire du Love », énorme hégémon où se mêlent Sexualité, Amitié, Amour, Affection, Fraternité, etc. sans qu'on ne sache vraiment si ces localités existent encore... Sans doute se sont-elles fondues en une sorte de gigantesque ville-monde qu'on pourrait comparer à la cité de Zemrude que rencontre Marco Polo dans les *Villes Invisibles* d'Italo Calvino : *« C'est selon l'humeur de celui qui la regarde que Zemrude prend sa forme. »*

Et dans ce monde-ville tentaculaire, bastion sans bornes d'un amour sans définition, il est indispensable de mettre en place des ZAD. Il faudrait défendre d'un côté les montagnes éternelles d'*Agapè*, l'amour universel et divin, que les habitants du Love dynamitent sans scrupule, menaçant leurs fondations ; créer une autre ZAD dans les marais fertiles d'*Eros*, où grandit l'amour naturel, celui du plaisir corporel, afin que les promoteurs n'y installent pas leurs usines et projets de béton ; il en faudrait une autre encore pour les forêts protectrices de *Storgê*, l'affection familiale, qu'on abat sans raison, alors qu'en elles grandissent toutes les forces naturelles de la Terre.

Et bien entendu il nous faudrait une dernière ZAD sur les hauts-plateaux de *Philia*. Car il nous faut défendre cette *Friendzone*, tant il est bon d'entretenir dans ces contrées protégées les principes essentiels de l'amitié... Et tant pis si parfois on souhaiterait un peu plus voyager !

Notre invité

LA CROIX

Par
Gauthier Vaillant
Journaliste à *La Croix*

L'amour : à Dieu, c'est mieux !

D'aucuns jugeront sans doute à la limite du cliché que *La Croix* consacre au Bon Dieu sa première apparition dans *Limite*. Que voulez-vous, on ne se refait pas. Et après tout, être là où l'on vous attend, c'est parfois un gage de fiabilité et même, de fidélité. Et ça, c'est beau comme un couple de petits vieux qui s'aiment encore.

« Rendez à César ce qui est à César, et à Dieu ce qui est à Dieu », nous demande le Christ à propos de l'impôt – et en fait, de l'argent. En matière d'amour, c'est pareil. On n'aura pas trop de mal, d'ailleurs, à rendre à César, et même à lui laisser, le fric généré par l'industrie pornographique et les recettes publicitaires de *Tinder*.

Mais alors, il ne faudrait pas oublier non plus de rendre à Dieu ce qui est à lui : l'amour, le vrai. Pas celui qu'on fait avec une conquête d'un soir, ni les mièvreries aseptisées d'Hollywood, qui se terminent généralement au moment du premier baiser ou du mariage, c'est-à-dire là où tout commence !

« Dieu est amour », professe le christianisme, sous la plume de Benoît XVI ou dans les chants de Taizé. Ce n'est pas qu'une formule. La Création n'est rien d'autre que l'acte d'un Dieu désirant avoir des créatures à aimer. La venue de Jésus, quelques milliards d'années plus tard, et sa mort sur la croix pour racheter la faute des ingrats que nous sommes, ce n'est *que* de l'amour. « *Aimez-vous les uns les autres, comme je vous ai aimés* », ce n'est pas un résumé : c'est *tout* ce qu'il y a à faire.

Voilà qui n'est pas sans conséquences sur nos histoires de cœur. Car l'amour humain, sous toutes ses formes, vient de Dieu. Celui du conjoint, celui de l'ami, celui du frère ou de la sœur. Celui qu'on reçoit et celui qu'on donne. Ce n'est rien d'autre que sa capacité à aimer qui fait de l'homme une créature « à l'image et à la ressemblance de Dieu ».

Même si c'est beau comme tout, dire cela ne doit pas servir qu'à se faire du bien. L'amour auquel le Christ nous appelle est un idéal exigeant. Et critiquer l'actuel triomphe du porno et la sexualité par écrans interposés ne doit pas mener à considérer que tout compte fait, une sexualité débridée mais bien réelle n'est pas si condamnable. Les promesses émoustillantes de la libération sexuelle ne portaient-elles pas en germe l'actuel triomphe du porno et d'une sexualité autocentrée ?

Pour dépasser cette triste alternative, osons replacer nos amours dans une « perspective chrétienne », comme le dit une prudente expression à la mode chez les cathos. On ne parle pas ici de se marier à 18 ans et de faire douze gosses (mais c'est votre droit le plus strict). Mais de se rappeler que c'est Dieu qui nous donne un autre à aimer, en même temps que c'est lui qui nous donne la capacité de l'aimer. Jésus nous invite à un amour qui ne cherche pas son propre plaisir, mais d'abord le don de soi à l'autre. C'est cette perspective chrétienne qui fait écrire au philosophe Martin Steffens ce bel éloge de la fidélité, dans son essai *L'Amour vrai* : « *Une vie ne suffirait pas pour accueillir le mystère d'un seul être.* » Aimons-nous, vite ! ●

Pourquoi la jeunesse de France bande mou

Une enquête sur la récession sexuelle

Malgré son encrage certain dans les esprits et les discours, la libération sexuelle ne donne pas les résultats que l'on imagine. Le nombre moyen annuel de rapports sexuels dans la population adulte a baissé de près de 20 % en vingt ans. Plusieurs enquêtes édifiantes montrent que tout le terrain des relations amoureuses s'est modifié sous l'effet des nouvelles technologies. De tabou, les relations sexuelles sont passées à banales. Et de banales, elles sont devenues obsolètes. Enquête et analyse d'une récession inédite.

Eugénie Le Quéré
Membre de la rédaction de *Limite*

Illustrations de Bertille Mennesson

Vous avez sans doute eu l'occasion de ricaner de l'étrange situation du Japon, pays de vieillards et de puceaux si absorbés par leur travail, leurs mangas et leurs poupées gonflables qu'ils en oublient de coucher avec de vrais humains, se marier, et *a fortiori* faire des enfants. Une exception culturelle exotique, qui ne nous concerne guère? Pas si sûr. Car dans l'ensemble du monde occidental, les statistiques sont formelles: l'activité sexuelle, et en particulier celle des plus jeunes, montre des signes de déclin. Aux États-Unis, l'affaire fait les gros titres, dans les journaux les plus sérieux. « Récession sexuelle », affichait en décembre le périodique culturel *The Atlantic*[1]. Malgré sa victoire incontestable dans les esprits et les discours, la libération sexuelle ne donne pas, sur le terrain, les résultats que l'on imagine. Le nombre moyen annuel de rapports sexuels dans la population adulte a baissé de près de 20 % en vingt ans[2], selon les chiffres fournis par le *General Social Survey*, enquête sociologique de référence de l'Université de Chicago. L'évolution est spécialement marquée chez les jeunes: à 17 ans, ils ne sont plus que 40 % à avoir déjà fait l'amour, contre 54 % en 1991. Le recul concerne plus encore les relations amoureuses. D'après l'institut Pew, en 1995, 70 % des jeunes de 17 ans déclaraient avoir déjà eu une « relation romantique spéciale ». En 2014, ils n'étaient plus que 46 %. De l'Australie aux Pays-Bas, en passant par la Finlande ou l'Angleterre, tous les pays occidentaux qui produisent des statistiques sur l'activité sexuelle enregistrent des tendances semblables. L'heure n'est plus à rétablir l'ordre moral dans une société sexuellement débridée, mais à souffler sur les braises d'une société sexuellement déprimée.

Célibataires, libres mais coincés quand même

Les statisticiens sont formels, le premier facteur de la récession sexuelle est le recul de la conjugalité. À force d'entendre que le mariage est le cercueil de la sexualité, on oublierait que le non-mariage est plutôt pire. C'est d'abord une simple question de logistique: celle d'avoir sous la main quelqu'un qui, a priori, veut bien coucher avec vous. À âge égal, les célibataires font en moyenne l'amour moitié moins souvent que les couples. Or, ils sont de plus en plus nombreux, l'augmentation des unions libres ne compensant pas la baisse des mariages. Mise en couple plus tardive, relations plus fragiles et ruptures plus fréquentes: les gens sans partenaire régulier sont légion, à tous les âges de la vie. Ceux-là sont, en théorie, libres de toutes les aventures. Pourtant ils restent plus souvent qu'on ne croit dans leurs pantoufles. Multiplier les coups d'un soir n'est pas si facile, ni motivant, tant le plaisir dépend de la bonne connaissance de son partenaire. Lors d'un premier rapport avec un homme, seulement 11 % des femmes déclarent avoir eu un orgasme[3]. La même question à propos de leur dernier rapport sexuel, dans le cadre d'une relation établie, donne 67 % d'orgasme. Les célibataires lassés rejoindront les rangs de plus en plus fournis des abstinents: parmi les jeunes adultes Américains, leur nombre a plus que doublé en 20 ans.

Et la légendaire lassitude des vieux couples? S'il vaut mieux être casé que célibataire, certainement l'idéal, pour le sexe, serait de changer de couple régulièrement, selon un modèle de fidélités successives, bon compromis entre stabilité et fraîcheur? Il faut admettre qu'après vingt ans d'intimité, vous avez toutes les chances de faire l'amour moins souvent qu'au début. Mais les chiffres suggèrent que c'est parce que vous êtes plus vieux, pas parce que la relation est plus ancienne, et ce problème-là ne se résoudra pas en changeant de pré. Pour les amateurs de langage mathématique: « *la fréquence des rapports sexuels baisse avec la durée du mariage, mais la corrélation devient non-significative une fois qu'elle est contrôlée par l'âge des conjoints*[2]. » Le

1. Sex Recession: Why young people are retreating from intimacy, Kate Julian, *The Atlantic* (2018)

2. Declines in sexual frequency among American adults, Twenge et al., *Archives of Sexual Behavior* (2017)

3. Accounting for women's orgasm and sexual enjoyment in college hookups and relationships, Armstrong et al., *American Sociological Review* (2012)

divorce ne ramène personne à la fraîcheur de la jeunesse, mais beaucoup aux frimas du célibat. C.Q.F.D.

Cliquer pour coucher, vous êtes arnaqués

Nous sommes pourtant tous si bien connectés, n'est-il pas plus facile que jamais de trouver un partenaire convenable? Inscrivez-vous sur *Tinder*, ou sur *Meetic*, et le tour est joué; si vous n'avez personne, c'est sûrement vous le problème. Mais à y regarder de plus près, les réseaux sociaux de drague sont très inefficaces. Pour la journaliste Kate Julian, « *si vous croyez que* Tinder *procure facilement des rencontres sexuelles, c'est sans doute que vous ne l'avez jamais utilisé.* » D'après les données publiées par l'entreprise elle-même, l'usager moyen passe sur *Tinder* une heure et demie par jour. Statistiquement, il perd son temps: tout cela ne débouche que rarement sur une rencontre en chair et en os. Une vaste majorité des messages est adressée aux profils les plus « sexy »: quelques-uns croulent sous les opportunités, les autres se serrent la ceinture. Chez *Tinder*, on s'en fiche; pour fidéliser les utilisateurs, on compte plus sur le caractère addictif de l'application que sur les résultats concrets. « *C'est comme un jeu vidéo. Ça fait du bien à l'ego quand on a un* match, *mais ça ne va pas plus loin* », dit une utilisatrice.

Il ne suffit pas de rester débranché pour être à l'abri de ce gâchis. Tout le terrain des relations amoureuses s'est modifié sous l'effet des nouvelles technologies, et aborder quelqu'un dans la vraie vie est devenu une entreprise plus incongrue qu'autrefois. Un pilier de la culture populaire en a fait les frais: la comédie romantique, qui a quasiment disparu des salles de cinéma. Le genre représentait en 1999 près de 10 % des entrées, mais moins de 1 % depuis 2015[4]. Pour Billy Mernit, scénariste et consultant pour l'industrie du cinéma: « *Avec les applications et les réseaux, la culture de la séduction a profondément changé, et les attentes de l'audience aussi. Les jeunes ne se reconnaissent plus dans les scénarios typiques de la comédie romantique.* » Ces gens qui se regardent dans le bus ou se parlent dans la rue semblent si désuets que le jeune spectateur se demande pourquoi le film est en couleurs.

Plan-plan derrière un écran

Ce qui nous amène à un autre facteur de la récession sexuelle: le transfert massif de nos vies sociales et récréatives dans l'espace virtuel. Pour faire l'amour, il faut être dans la même pièce, et lever les yeux de son écran. Facile? Peut-être pas, surtout pour les plus jeunes, exposés à une panoplie de distractions audiovisuelles toujours plus attrayantes.

Jean Twenge est chercheur en psychologie à l'université de San Diego, Californie. Elle étudie depuis vingt ans les « changements générationnels » : les différences culturelles et comportementales entre les gens selon leur année de naissance, baby-boomers, génération Y, X, millenials. Elle-même a popularisé la petite dernière, la « iGen », pour désigner les jeunes nés après 1995, et dont l'adolescence aura été marquée par la diffusion massive de l'iPhone. « *Toutes les séries statistiques que j'étudie marquent une forte rupture aux alentours de 2012, qui est l'année charnière où la moitié des adultes américains dispose désormais d'un smartphone. En quelques années, ces appareils ont conquis la quasi-totalité du public.* » Presque du jour au lendemain – à l'échelle des générations, les smartphones ont pris une place majeure dans la vie sociale des jeunes, dès l'âge du collège. Et pour les sociologues qui scrutent les chiffres, cela se voit. "Toutes les activités adultes sont en recul chez les adolescents. Ils passent plus de temps chez leurs parents, sont moins nombreux à avoir leur permis ou un emploi, voient moins leurs amis. Et, ils ont moins de rapports sexuels." La génération montante est plus docile, moins encline aux conduites à risque, accidents de la route, alcool, grossesse: et pour cause, elle est sagement dans sa chambre, les yeux rivés à un petit rectangle de pomme. Il y a de quoi renverser certaines conceptions éducatives. L'ado fait le mur, vous pique un vrai billet pour acheter un vrai ticket dans un vrai train et rejoindre son amour du moment, et sans capote par-dessus le marché? Ma foi, voilà qui témoigne d'un solide appétit de vivre dans le monde réel, plutôt que sur YouTube.

> Tout le terrain des relations amoureuses s'est modifié sous l'effet des nouvelles technologies, et aborder quelqu'un dans la vraie vie est devenu une entreprise plus incongrue qu'autrefois.

Du sexe, oui mais tout seul

YouTube, ou YouPorn. La diffusion massive de la pornographie, adossée à celle d'internet, est un fait incontournable et inédit de la sexualité au XXIe siècle. La récession sexuelle est une marginalisation de la sexualité avec un partenaire par rapport aux satisfactions solitaires ou virtuelles. Nous voilà équipés d'une offre pléthorique de gadgets et d'images rendant la masturbation plus facile et plaisante, et les résultats sont là: entre 1992 et 2014, la proportion d'hommes pratiquant régulièrement la masturbation a doublé. Pour les femmes, elle a triplé. Après tout, le sexe avec quelqu'un est une besogne pleine de désagréments – les Japonais diraient *mendokusai*, quelque part entre « difficile » et « ennuyeux », avec une pointe de vulgarité. À l'ère de l'égalité de tous les orgasmes, nous peinons à formuler la valeur ajoutée des rencontres sexuelles réelles par rapport à leurs substituts technologiques, plus sécurisés et hygiéniques.

4. Données pour l'Amérique du Nord, Nash Information Services LLC

Certains alarmistes voient dans la pornographie une nouvelle drogue, excitant tous les fantasmes, incitant à l'obsession et à une certaine violence dans une société « hypersexualisée ». Mais les faits suggèrent une interprétation plus prosaïque : en dopant la masturbation, la pornographie agirait comme un coupe-faim, un calmant. Elle apporte une résolution suffisante et sécurisée à la pulsion sexuelle, ce qui n'est pas sans avantages. Todd Kendall, chercheur en économie à l'Université de Clemson, a montré que, dans les différents États américains, la diffusion de l'internet à haut débit et son corollaire de pornographie pléthorique s'est accompagnée d'une diminution des grossesses adolescentes, de la prostitution, des viols et agressions sexuelles[5].

Même hors de ces cas répréhensibles, nous sommes devenus, heureusement, beaucoup plus sensibles à la violence dans les rapports amoureux. Si les comédies romantiques d'il y a vingt ans sont tombées aux oubliettes, c'est aussi qu'elles sont truffées de situations abusives et de clichés sexistes. Pas besoin d'être une féministe enragée pour grincer en revoyant *Love Actually* ou *Pretty Woman* : difficile de se souvenir comment de tels films ont pu paraître charmants et consensuels. La récession sexuelle pourrait tenir à ce refus grandissant de la coercition. Pour Jessica Valenti, jeune auteur féministe, *« les femmes sont plus libres de dire non »*. La baisse de l'activité sexuelle n'inquiéterait que les tenants du patriarcat : *« je préfère davantage de liberté que davantage de sexe »*.

Étonnons-nous tout de même de ce que l'éthique du seul consentement aboutit à trouver moins problématique le sexe formalisé par contrat et transaction, par rapport aux interactions humaines ordinaires, empêtrées dans l'ambiguïté. Le libertin éclairé, très soucieux de respecter le consentement d'autrui, s'en tiendra prudemment à cliquer sur « j'accepte les conditions générales » pour consommer sa dose de violence virtuelle.

Deux mille trois cents pandas, et moi, et moi…

Au zoo de Chengdu, ce sont les pandas qui regardent du porno : les soigneurs diffusent dans les cages des vidéos de plantigrades en action, espérant réveiller leur libido. Sans grand succès, car en captivité, ces pauvres bêtes ne s'intéressent pas aux partenaires disponibles, et, si l'envie les prend tout de même, échouent en général à s'accoupler comme il faudrait pour faire des petits. Hors des forêts de bambou et de la brume silencieuse des montagnes, le fier ours sauvage devient une peluche impuissante que l'on reproduit par insémination artificielle pour un juteux marché mondial.

> En dopant la masturbation, la pornographie agirait comme un coupe-faim, un calmant.

Notre cousin le panda nous suggère un petit détour par la biologie. Citons deux anecdotes : le taux de testostérone des hommes est en baisse de long terme d'environ 1 % par an[6] ; le nombre moyen de spermatozoïdes s'est effondré de 50 % en quarante ans dans l'ensemble du monde occidental[7].

5. Pornography, Rape and the Internet, Todd Kendall, Clemson University Department of Economics (2006)

6. Population-level Decline in Serum Testosterone Levels in American Men, Travison et al., *Journal of Clinical Endocrinology and Metabolism* (2007)

7. Temporal trends in sperm counts : a systematic review and meta-re-

Perturbateurs endocriniens, tabagisme, obésité? Tout cela, et autre chose encore? Est-ce grave? Difficile de trancher, ni d'affirmer qu'il y aurait un rapport avec la baisse de l'activité sexuelle. Mais une mise en garde s'impose: les fonctions sexuelles humaines sont vulnérables. Si primitif qu'il soit, le désir sexuel ne résistera pas forcément à tous les leurres et inhibiteurs que notre frénésie commerciale et technique ne cesse d'inventer. À quoi bon être sexuellement libéré si notre environnement culturel et matériel est sexuellement toxique?

Certes « *la société érotico-publicitaire où nous vivons s'attache à organiser le désir, à développer le désir dans des proportions inouïes* »[8], mais uniquement le désir de ce qui peut être objet de commerce. La libido intéresse beaucoup les vendeurs… dans la mesure où ils peuvent la leurrer pour nous faire acheter quelque chose. Le désir de ce qui est gratuit et déjà librement disponible, celui-là est pour les marchands un odieux concurrent. Tant d'enseignes mendient vos faveurs, se disputent votre attention; votre temps, c'est leur argent. La société de consommation est désexualisante en ce qu'elle cherche à transférer notre désir sexuel sur d'autres fins et d'autres objets, ceux qui sont à vendre. Si vous désirez encore votre vieil amour, là dans la chambre, vous êtes un échec du marketing qui veut capter cette belle vitalité pour vous garder sur Internet, ou vous expédier en Birmanie. Alors, contre la récession sexuelle, un seul plan de relance: n'achetez plus rien…

gression analysis, Levine et al., *Human Reproduction Update* (2017)

8. Michel Houellebecq, *Les Particules Élémentaires*

Salut les amoureux !

Anne-Claire & Charles Cazaban

Amour fait maison

Il faut s'enfoncer sur la route de Bregoharne, à Brech, petite commune du Morbihan, pour trouver cette maison en bois peinte entièrement en blanc. Anne-Claire, Charles et leur petite fille Aliénor nous attendent pour un bœuf carotte qu'on engloutira en trois coups de cuillère à pots. Claire, ingénieure, et Charles, menuisier-charpentier, jeunes trentenaires, présentent la maison qu'ils ont entièrement construite. "*C'est une maison passive,* explique Charles, *la chaleur du soleil et le rafraîchissement de la nuit s'équilibrent pour la chauffer naturellement. On a quand même un poêle pour être sûr de ne pas avoir froid l'hiver* ". Ce système de transfert leur permet de faire des économies et de réduire leur impact sur l'environnement. Ils n'utilisent que des matériaux naturels dont la fabrication ne consomme pas d'énergie grise. À partir d'un terrain de 2800 mètres carrés dont ils sont tombés amoureux, le couple s'est créé un petit coin de paradis breton: une maison, un grand jardin, un potager, des arbres fruitiers, des poules. Et vamos.

J'ai un problème, j'ai bien peur que je t'aime

« *Notre histoire d'amour est atypique. Nous nous sommes connus grâce à un site de rencontre* ». Anne-Claire se lance. « *On appartient à une génération connectée, qui passe six mois en université, six mois à l'étranger, six mois en stage, qui ne s'ancre nulle part.* » Après la lecture d'un article sur la difficulté qu'avaient les jeunes générations à faire des rencontres, Anne-Claire s'est inscrite sur Theotokos, « site de rencontre chrétien ». Elle découvre un jour le profil de Charles. « *Après celui-ci j'arrête, j'en ai ras le bol* » se dit-elle en lui écrivant un premier message. Elle raconte alors « *l'ascenseur émotionnel* » engendré par le tourbillon de profils, de messages, d'espoirs, de méfiance, de déceptions, de flirts. Et puis ce « *yo-yo affectif* » permanent: « *Au début de la relation, tu te blindes, puis tu t'ouvres progressivement et commences à espérer. Et puis tu es déçue et ça recommence* ». Anne-Claire n'en pouvait plus de « *ce cycle épuisant* ».

Après quelques mails échangés, Charles monte la voir à Paris où Anne-Claire est alors étudiante. C'est un coup de foudre pour lui, un désenchantement pour elle: « *Le désir est immense, surtout quand tu attends ça depuis longtemps. Mais quand ça te tombe dessus, au secours! Ce n'est pas une étape facile de tomber amoureuse, il faut accepter le sentiment.* » De son côté, Charles, entreprenant et sous le charme, insiste pour la revoir. C'était en juin 2015. « *On est très complémentaire, Charles a un grand amour pour la terre et moi qui n'ai pas la main verte, j'aime ramasser et transformer* ». Quatre ans plus tard, ils ramassent leurs œufs chaque matin et les partagent avec le voisinage, se fournissent en fruits et légumes au verger d'à côté, n'ont jamais acheté « un petit pot industriel » pour Aliénor, n'ont pas de chauffage, et bien sûr, cultivent leur propre potager. **Clémence de Vanssay**

S'aimer à l'ère de Narcisse

Par Renaud Beauchard

Illustration de Thomas Gaudin

Pour le philosophe Christopher Lasch, le succès du libéralisme sexuel dépend de la capacité à exploiter le sexe opposé tout en évitant l'attachement émotionnel.

Un article récent de Kate Julian titré « *The Sex Recession* » paru dans le mensuel américain *The Atlantic* fait état d'une baisse significative des relations sexuelles dans les pays de l'OCDE. Les causes en sont multiples mais une explication choquante attire l'attention : les jeunes femmes tendent à se détourner du sexe avec les membres du sexe opposé après des expériences de violence (strangulation imposée par leurs partenaires, sodomie brutale, pratiques toutes en lien avec une surconsommation de porno). Tout ça pour ça pourrait-on conclure. La mise au rebut de certaines conventions nous a menés dans une situation paradoxale : non seulement les hommes exercent une violence de plus en plus directe et non canalisée contre les femmes, mais nous observons une baisse généralisée de la libido.

Tout ceci prend son sens si on y voit le fait de l'envahissement de tous les aspects de l'existence par la culture du narcissisme, cadre conceptuel de toute l'œuvre du philosophe américain Christopher Lasch. Le narcissisme, produit de l'évolution du capitalisme de sa forme patriarcale vers sa forme transgressive, implique que toutes les institutions concourent à supprimer le vécu pour le remplacer par des abstractions. L'amour et la sexualité n'échappent bien sûr pas à cet envahissement. Comme l'expose Lasch à partir de l'exemple, entre autres, de l'enseignement supérieur qui « paralyse l'étudiant affectivement en le rendant incapable de faire face à une situation sans l'aide de manuels, d'un système de notation et d'un point de vue prédigérés » et en fait un être désarmé « devant les actes les plus simples de la vie : se préparer un repas, se mettre au lit avec une personne du sexe opposé. »

Laschez-vous !

Selon Lasch, la manifestation de la culture du narcissisme dans les relations amoureuses avait commencé à se produire bien avant la révolution sexuelle des décennies 1960 et 1970. Dans un article datant de 1937, *The Rating and Dating Complex,* le sociologue Willard Waller analysait la transformation de la nature de l'acte de courtiser en rituel du « date ». La thèse de Waller était que le « date », qui préfigurait le « hook up »[1] contemporain, signait moins la consécration de l'ère des sentiments que la fuite devant ces derniers. Pour Lasch, le succès du libéralisme sexuel dépend de la capacité à exploiter le sexe opposé tout en évitant l'attachement émotionnel.

Il faut y voir rien de moins que l'aboutissement de la « socialité asociale » kantienne où les êtres ne se rencontrent que pour satisfaire leurs besoins selon leur puissance sur le marché. Socialité dont Lasch a perçu la préfiguration parfaite dans Sade qui avait compris : « *que la condamnation de la vénération de la femme devait s'accompagner d'une défense de la sexualité de celle-ci – le droit de disposer de son propre corps, comme le diraient aujourd'hui les féministes* ». Or, nous dit Lasch, « *[s]i l'exercice de ce droit, dans l'utopie de Sade, se réduit au devoir de devenir l'instrument du plaisir d'autrui, ce n'est pas parce que le Divin Marquis détestait les femmes mais parce qu'il haïssait l'humanité. Il avait perçu, plus clairement que les féministes, qu'en régime capitaliste, toute liberté aboutissait finalement au même point : l'obligation universelle de jouir et de se donner en jouissance. Sans violer sa propre logique, Sade pouvait ainsi tout à la fois réclamer le droit, pour les femmes, de satisfaire complètement leurs désirs, et jouir de toutes les parties de leurs corps, et de déclarer catégoriquement que "toutes les femmes doivent se soumettre à notre plaisir". L'individualisme pur débouchait ainsi sur la répudiation la plus radicale de l'individualité.* » Et ironie de l'histoire, dans le désinvestissement de la libido et la régression sexuelle vers le stade pré-infantile du narcissisme primaire !

1. Ce que nous, français romantiques, traduisons chastement par « plan cul. »

Le célibat

Un libéralisme dans tous ses états

Le célibat de masse émerge, depuis quelques décennies, comme une situation structurelle dans nos sociétés, au point de générer une industrie de la solitude qui veut l'ériger en philosophie de vie.

Par Youness Bousenna
Journaliste, auteur de *Camus, l'éternité est ici* (Première Partie)

Bientôt, il y aura plus de Français célibataires que de Français mariés. En 2018, la part des célibataires atteignait 41,3 % de la population et talonnait celle des mariés (42,5 %), selon des statistiques de l'Insee publiées mi-janvier. L'évolution est foudroyante : douze ans plus tôt, en 2006, près de la moitié des Français étaient mariés (48,7 %), alors que les célibataires ne comptaient que pour un gros tiers de la population (36,5 %). Ces données confirment l'accentuation d'une tendance sociologique vieille de quelques décennies. Au milieu des années 1990 déjà, la sociologue Louise Saint-Laurent qualifiait l'émergence du célibat structurel de « *mutation sociale importante* » des sociétés occidentales à l'occasion de sa thèse sur *La dynamique de la solitude des néocélibataires*.

Mille évolutions peuvent être invoquées pour saisir le phénomène, qui tiennent toutes, de près ou de loin, à l'avènement de la société moderne. Il y a d'abord la ville, moteur de propulsion du capitalisme, que le père fondateur de la sociologie Émile Durkheim percevait comme une zone où l'individu est « beaucoup plus affranchi du joug collectif » en raison de l'absence du contrôle social observé dans les sociétés traditionnelles. Poursuivant la réflexion, Norbert Elias relevait que cette émancipation nouvelle, dont la traduction théorique fut le libéralisme, confronte l'individu à de nombreux choix qu'une société traditionnelle lui aurait épargné. Plus qu'un état de fait, c'est une « fierté qu'éprouve l'être fortement individualisé » à faire montre de sa « capacité à agir sous sa propre responsabilité et de décider pour lui-même ».

Envie de liberté, exigence du choix permanent, recherche de singularité, rejet des engagements traditionnels : ces traits de la modernité ont généré des sociabilités si différentes qu'a émergé l'idée de *postmodernité* pour caractériser cette « vie en miettes » propre à la « société liquide » – selon les notions célèbres de Zygmunt Bauman. Appliquées au couple, ces mutations pouvaient-elles aboutir à autre chose qu'à une baisse de la natalité, une hausse des divorces, une ringardisation de l'engagement matrimonial, un avènement des relations Kleene... Bref : au célibat comme possible philosophie de vie ?

> Comme sur le marché du travail, le marché matrimonial a connu depuis un demi-siècle l'explosion du nombre de CDD et la multiplication des intérims.

La solitude de la masturbation

Au même moment que la sociologue Louise Saint-Laurent, Michel Houellebecq avait la géniale intuition d'établir une symétrie entre libéralisme économique et libéralisme sexuel. « *En système sexuel parfaitement libéral, certains ont une vie érotique variée et excitante ; d'autres sont réduits à la masturbation et la solitude. Le libéralisme économique, c'est l'extension du domaine de la lutte, son extension à tous les âges de la vie et à toutes les classes de la société. De même, le libéralisme sexuel, c'est l'extension du domaine de la lutte, son extension à tous les âges de la vie et à toutes les classes de la société.* », écrivait-il dans un passage passé à la postérité d'*Extension du domaine de la lutte* (1994).

Comme sur le marché du travail, le marché matrimonial a connu depuis un demi-siècle l'explosion du nombre de CDD et la multiplication des intérims. Il a aussi vu, comme sur le marché de l'emploi, l'émergence de ces précaires mal formés contraints de cumuler les jobs de misère, et parallèlement l'essor de free-lances travaillant dans des espaces de coworking cool et jonglant entre les missions stimulantes. Autant de réalités montrant qu'il n'y a pas un célibat, mais des célibataires dont Louise Saint-Laurent, à partir des dizaines d'entretiens réalisés pour sa thèse, dresse une typologie.

Cette dernière distingue plusieurs types de solitude dans le célibat, et notamment la « solitude-phobie » de ceux qui ont « *une peur instinctive de la solitude et n'y voient aucun avantage* ». Hantés par la représentation sociale traditionnelle qui veut qu'un individu vive en couple, ils sont profondément angoissés par l'anormalité ressentie de leur situation et, surtout, la peur de ne pas en sortir. Ni dragueurs, ni fêtards, ils se sentent « *souvent dévalorisés dans leur apparence physique et dans leurs capacités à plaire ou à être aimés* ». Ils sont,

THE LOBSTER, UN FILM À VOIR À DEUX

Après avoir violemment passé à la moulinette la cellule familiale dans son très esthétique – et très dérangeant – *Canine*, on pouvait s'attendre au pire quand Yorgos Lanthimos annonçait vouloir faire de la relation amoureuse le thème de son prochain film. Artiste aussi élégant et cérébral que froid et pessimiste, il y livre pourtant une réflexion très fine sur les travers de notre conception contemporaine du couple tout en ménageant un chemin à l'idéal amoureux – aussi ardu et exigeant soit-il. Sortie en 2015, cette dystopie absurde où les citoyens sont tenus de se marier sous peine d'être changés en animaux est pour lui l'occasion de moquer la lancinante injonction au bonheur à deux, caractéristique de notre époque et son incapacité à comprendre à la fois l'importance de la construction personnelle et la richesse de l'expérience de l'altérité. Il n'oublie pas de dénoncer l'autre côté du spectre de nos tares modernes puisque la société parallèle construite en opposition à ces règles et dans laquelle le héros croit pouvoir se réfugier est peinte comme un enfer individualiste, moralisateur et puritain où la notion même d'amour est bannie. Entre ces deux extrêmes, Colin Farrell et Rachel Weisz, superbes, essaient d'apprendre à s'aimer. Et c'est très beau.

● **François-Xavier Moisan**

en quelque sorte, les SDF du libéralisme sexuel décrit par Houellebecq.

À l'opposé, la sociologue appelle « solitude-fantasme » le célibat voulu et répondant « *au désir d'une liberté absolue, sans contrainte* ». Ces néo-célibataires libertaires, qui ont généralement un emploi valorisant, lucratif et dont ils font une priorité, ont une « préférence pour une vie sociale 'à la carte' », relève-elle. Ceux-là abordent leur quotidien de façon élective : ils veulent tout choisir – fréquentations basées sur des affinités, liberté maximale dans l'organisation de son temps de loisirs – et se plaisent à accentuer leur différence par rapport à ceux qu'ils estiment être des « conformistes ». Ceux-là sont les startupers de l'extension du domaine de la lutte.

Tindate avec sa sœur

Ils ont retourné la norme du couple à leur profit, transformé le stigmate du célibat en affranchissement, ringardisé la morne fidélité au profit d'une vie sociale trépidante : est-ce étonnant si cette avant-garde a inspiré les codes de l'industrie de la solitude, l'un des derniers bébés du capitalisme de la séduction ? Les sites de rencontres étaient utilisés par 16 % à 18 % de la population en 2014, selon l'une des seules études sur le sujet réalisée par l'Institut national d'études démographiques (Ined). C'était avant l'envolée de *Tinder*, et la banalisation à grande échelle de l'utilisation des réseaux de rencontre. Pourtant, si tous l'utilisent, c'est en calibrant son marketing pour les *winners* du célibat que l'application tente d'évacuer le stigmate social que constitue habituellement le recours à un site de rencontre.

« Single Not *Sorry* », devise la dernière campagne publicitaire *Tinder*, qui porte le célibat au rang de philosophie de vie. En effet, le célibat n'est-il pas le moyen de réinventer sa vie ? D'explorer le champ des possibles ? Par son produit le plus abouti, la publicité, le capitalisme de la séduction fonctionne par la mystification. Ici, il s'agit que les perdants se prennent pour les *winners* : ils doivent souscrire à l'illusion d'abondance des gens beaux et branchés dont la vie est une fête – et les relations d'inoubliables rencontres humaines autant que de dépaysantes expériences sexuelles.

Las, *Le Monde* avait dressé, dans un reportage en 2016, la litanie des désillusions des utilisateurs de *Tinder* en zone rurale : rareté ou absence de profils de femmes, proposition de match avec sa propre sœur, chargement interminable des photos à cause de l'absence de 4G… On sait aussi désormais que l'algorithme de cette application classe les profils selon les physiques et la popularité. Ainsi, les banlieusards du marché de l'amour regarderont les bobos du centre avoir accès au meilleur. Et, attendant un improbable ruissellement, se partageront le reste. ●

La la love

Les petites annonces de Limite

Lancer un numéro sur l'amour, mais ne pas donner à nos lecteurs la possibilité concrète d'incarner les discours? Quelle erreur aurions-nous faite! Chez les intellos, d'habitude, l'amour est une blague (allez voir chez nos confrères) mais chez *Limite*, on aime mettre les pieds dans la terre et les mains sur l'épaule du voisin. Nous avons donc lancé l'idée de ces annonces, via un réseau social de la Silicon Valley, et vous vous êtes prêtés au jeu. Voici quelles étaient les règles:

« Pour notre numéro de printemps consacré à l'engagement amoureux, nous ouvrons nos colonnes à tous les célibataires de la Terre. Quels que soient votre âge, votre régime alimentaire, vos goûts musicaux, la couleur de vos rideaux, nous vous donnons la possibilité d'écrire une annonce, à l'ancienne, avec critères de recherches et profil attendu. Vous pensez que la femme de votre vie est une lectrice de *Limite*? Vous rêvez de racheter une ferme dans le Lubéron mais vous cherchez un as de la permaculture pour réaliser votre projet? Ces « petites annonces » sont faites pour vous. Prenez votre clavier et lancez-vous! Pourquoi? Pour endiguer un peu le fléau du célibat structurel. Pour faire de *Limite* et de l'écologie intégrale la meilleure alternative à *Tinder*. Bonne chance! » (annonce publiée le 18 janvier)

COMME ALAIN BADIOU – Il existait au royaume du possible un infini d'amours irréalisés ». Notre « Es muss sein » est peu de choses face aux puissances du hasard. Je m'en remets donc à lui pour te retrouver.

Habitué des messes yvelinoises, j'y ai forgé une conscience de classe que je mets aujourd'hui au service du prolétariat. J'ai vu la lumière dans le sillage de Bourdieu et Orwell. La sociologie du premier est un sport de combat. Le journalisme du second, tout autant. Je mène donc la lutte sur ces deux fronts face à un ennemi unique: la Start-up nation.

La seule technique à laquelle j'adhère, c'est celle du carburateur. Le seul nomadisme que je respecte, c'est le pastoralisme. J'ai traversé les steppes d'Asie centrale et affronté la nuit froide du Sahara à ta recherche. Je continue de marcher car je sais que tu m'attends quelque part. Peut-être es-tu déjà là, fumant une cigarette dans ce curieux jardin jouxtant la gare Saint-Lazare.

Je sens déjà venir entre nous de nombreux débats: Vercors ou Cévennes, Magnificat ou le petit livre rouge, chèvres ou brebis…

Comme Alain Badiou, je pense que l'amour parfait est celui qui dure jusqu'à 90 ans. Alors si toi aussi tu es prête pour cette descente de l'éternité dans le temps, écris-moi. **Antonin. 4, rue du Temple 78350 Jouy-en-Josas**

ROCK THIS LOVE – JF passionnée par la Pop culture et l'Évangile, avec un penchant pour l'encyclique *Laudato Si*. Après plusieurs années dans une grosse agence de communication néo-libérale, ultra capitaliste (bien que très fun), j'ai pris le chemin de la vie bohême-chic de free-lance en milieu culturel. Je cherche l'homme… pour une vie quelque part entre la famille Ingalls (la petite maison dans la prairie) et un festival *La Route du Rock* (Message en MP - contacter la rédaction qui transmettra)

JF CHERCHE COMPAGNON DE CORDÉE

Qui suis-je? Femme. Blonde selon moi, châtain clair pour la famille. Moins de 30 ans mais plus que 25. Aimant les blettes mais pas le céleri. Ayant un chat mais pas de chien. Jouant du piano mais aimant écouter du saxophone et du reggae. Déteste le mot camembert et croûte mais chérissant le mot velours et liberté. A lu *Laudato si* et essaye de vivre l'écologie intégrale dans l'espérance même si ça fait un peu flipper la montée des eaux. Passe beaucoup de temps à aller voir au sommet des montagnes si elle y est (en partie à cause de la montée des eaux) que ce soit en chaussure de ski ou en chaussons d'escalade. Peut-être même qu'elle y cherche un compagnon de cordée? Faudrait la contacter pour savoir! **Marguerite** Pour contacter Marguerite, passez par nous (redaction@revuelimite.fr)

LIBELLULE CHARMANTE DE 26 ANS CHERCHE SON CRAPAUD VOLANT

Faire chou blanc te court sur le haricot? Les navets à la télé te racontent des salades? T'en as gros sur la patate? Tu penses que les carottes sont cuites?

Oublions les cœurs d'artichaut à la noix: c'est pas encore la fin des haricots!

Puisque toute histoire commence par une belle amitié, deviens pas rouge comme une tomate. Ramène ta fraise, on va se fendre la poire!

Libellule charmante de 26 ans cherche son crapaud volant.

Grande, brune, anglaise, catho et différente. Si t'as la pêche et que je te corresponds, appuie sur le champignon!

Envoie un p'tit mail à coccinellecherchecrapeau@gmail.com, promis, je ne te poserai pas un lapin!

LA CHANSON DES VIEUX AMANTS

Je m'appelle Joël Colin, suite à une perte d'emploi dans le Var, j'habite présentement dans le 42 pour mon emploi au service de personnes âgées dans une E.H.P.A.D, que j'apprécie beaucoup. J'ai perdu ma compagne d'un cancer il y a un peu plus de 2 ans. Je n'ai pas d'enfants, ai 49 ans. Discret, je désire rencontrer une dame à partir de 50 ans à 60 ans. (ma compagne avait 67 ans) Je suis sur *Facebook* ce qui permet de voir mon profil (Joël Colin, j'habite à Montverdun). Je vous donne mon téléphone 06.08.10.09.42. J'aime beaucoup la nature, la mer surtout, Nana Mouscouri, Étienne Daho, le classique. J'apprécie me rendre à la messe.

TROUPLE? – Deux jeunes femmes à l'esprit vif, à l'humour mordant et aux sourires larges recherchent deux jeunes hommes, les pieds sur terre, la tête dans le ciel pour partager, d'abord une petite soirée, et ensuite on verra bien. Macho à sa maman, bobo désincarné ou shark de la Défense s'abstenir. Répondre (de manière individuelle ou en binôme, à l'adresse: deuxjeunesfemmes@laposte.net

RÊVEUR CHERCHANT SA DOUCE – 37 ans d'errements, mais tout autant de joie / Parisien ne sachant rien faire de ses dix doigts / Aimant lire, chanter, contempler et consoler / Ermite heureux, souvent perdu dans ses pensées, / Je souhaite, une femme heureuse rencontrer / heureuse car femme, heureuse car se sachant aimée / heureuse car tu sais peut-être comme moi / que tout ne nous sera donné que par surcroît Écris-moi: rene.malejeanne@gmail.com

APPEL À L'HOMME – Non aux hipsters, aux métrosexuels, aux minets bien habillés! Je veux un homme, un vrai! Oui aux chemises de bûcheron, si elles servent à couper du bois, pas à manger des graines germées! Oui à la barbe et au bonnet, s'ils servent à tenir chaud et pas à crâner sur le dancefloor! Oui aux amitiés, aux vraies, fondées sur la foi, le vin, le rire. Oui, à l'amour, le grand, le pour toujours! Signé: une demoiselle en quête d'authenticité.

NE TE RETOURNE PAS – Petite blonde ardente aimant louer cherche intello-guerrier pour la faire swinguer et vibrer. Si en musique classique vous vous inspirez, si les sorties culturelles vous aimez, si par les belles lettres, par la bonne chère et les veillées au coin du feu vous vivez, si une bobo-bolcho-catho vous ne craignez, alors écrivez. Si à une vie citadine, mais à vélo et en AMAP vous aspirez, et si en Peaky Blinders vous vous reconnaissez, préparez noces et banquet. E.C. (22 ans) jaiperdumoneurydice@gmail.com

C'EST TOI QUE JE SÈME

De l'happy culture à l'agree culture,
Je suis prête pour la permaculture.
D'une voix mielleuse, tu seras mon dard des villes.

Je ne suis pas là pour enfiler des perles,
Ce n'est point là ma culture.

Terre en jachère cherche cultivateur,
Avant de pousser son déambulateur.

La guêpe n'est pas folle : elle n'est pas une cruche.
Si ce n'est pas toi, d'autres bourdons
La butiner viendront.

Si comme Adam tu as la côte auprès des femmes,
Viens me déclarer ta flamme.
Je serai ton fil d'Ariane et vers l'apogée,
Nos deux « je » vont fuser.

Je ne suis pas timbrée, je ne suis pas
de celles qu'on poste.

COMME LA ROSE DU PETIT PRINCE

Parisienne âgée de 36 ans, enseignante, j'aimerais rencontrer un chic type, simple, travailleur et respectueux. La beauté des pierres d'Amérique du Sud, la flore amazonienne peinte aux XVIIe et XVIIIe siècles dans des ateliers d'Indiens évangélisés, quelques flocons de neige égayant une heure de cours : j'aime beaucoup cultiver la joie et l'émerveillement de mes élèves mais aussi de mes chers neveux et nièce.
La pratique du théâtre comique est aussi pour moi une grande source de joie.
Comme la rose du *Petit Prince*, j'aimerais être la fleur choisie et chérie d'un homme prêt à fixer quelques limites à ses intérêts immédiats pour pouvoir envisager un mariage chrétien et heureux. **Écrire à francedouce881@gmail.com**

LA NUIT EN BIVOUAC NOUS APPARTIENT

Âme de trappeur, un peu agriculteur, nous partirions en Bretagne ou bien aux Féroé élever des moutons et des enfants dans la bruine, le froid et la foi. Je te ferais aimer le martinet, la loutre, le gypaète et le lynx ; tu me ferais aimer ce que tu aimes ; nous découvririons ensemble le goût de la viande de globicéphale et l'art de construire une walipini. Plutôt chasseur-cueilleur que bobo-vegan, paisible, dynamique et drôle, tu pourrais faire tienne cette merveilleuse promesse : nous ne nous ennuierons jamais, nous vivrons avec sérénité et humour, nous apprendrons sans trêve, nous chercherons toujours. Pour commencer une petite nuit hivernale en bivouac dans la forêt de Fontainebleau devrait suffire. Intellectuel démesurément torturé s'abstenir ; petit gros sympathique bienvenu. **Ana**

L'AVENTURE AVEC TOI

Point de prose prétentieuse / Seulement une ambition heureuse / Celle de te rencontrer. / Comme unique attente : que tu sois un homme drôle, bon et équilibré. / Pour le reste, ne nous laissons pas enfermer / Surprenons-nous, / Tu es libre d'être qui tu es / Et de me découvrir telle que je suis. / Si tu vibres à l'évocation des mots : / voyage, partage, liberté, rire, concerts, sensualité, moto, trentenaire, / aventure, originalité, imperfections, rencontres, communication, découverte, / danse, honnêteté, détente, nature, simplicité, humilité / Si tout ceci peut être balayé par un seul mot, l'Amour, / Et un seul désir, celui de progresser ensemble sur ce chemin, / Si tu es prêt / Alors écris moi ! / **J.W. redaction@revuelimite.fr**

QUI DONC AMENDERA L'HYPOCRITE PATRONYME ? – Je t'attendais souvent, et toujours je t'attends. Je voudrais que tu sois, et moi près de toi. Je te voudrais toi beau, grand, charmant charmeur ; urbain assurément, affable, tendre et galant. Tu serais citadin amateur à tes heures d'escapades champêtres. Élégant écolo, bobo critique, résolument catholique, paisible force qui va et père en devenir. Et tu me dirais doucement que tu m'aimes. De moi en quelques mots je te dirais ceci, que j'aime nager dans l'eau, Dieu et les petits bonheurs – le soleil dans mes cils qui miroite et se moire, le goût du chocolat, les bribes de poèmes… Tapi en moi sourd l'espoir de ton épiphanie. **Aimée**

À LA RECHERCHE DE LA VALENTINE PERDUE – Un avis de recherche suffira-t-il à coffrer le Fugitif ? A-t-on jamais vu pareille prime ? Le bonheur ! Rien que ça. L'Amour, le vrai, s'est fait la malle. Qui lui reprochera ? L'infini ne se *swipe* pas. L'Amour mendiant la Liberté. Plus loin va sa fuite, plus inaccessible il est, plus beau devient le sentiment. Révoltons-nous contre sa mise à prix et cédons à la cavale ! Le panache d'un combat désespéré, c'est la seule fortune des générations maudites. Devenir la proie interdit de se promettre le bonheur ; mais dans le pourchas frénétique de la modernité, nos éphémères terriers seront havre d'éternité. Délestés de tout, goûtons à cette liberté révoltée. Deux êtres suffisent à la possibilité d'un monde. L'Amour est la plus belle des solitudes. **Kilian**

L'AMOUR ZÈBRE – Jeune zèbre aventurière, intensément chrétienne, cherche un autre animal à zébrures aventurier, chrétien, autonome et débrouillard pour galoper en liberté dans les hautes steppes de la vie ! Roi et Reine nous régnerons, à notre bout de vigne donnée par le Seigneur quelque part dans le monde nous travaillerons, et beaucoup de bons fruits nous porterons. Dans la sobriété heureuse nous vivrons, méthodes naturelles, 0 déchets, bio et local nous promouvrons. Grâce à nous, « luxe et élégance » avec « Bon, Beau, Bien et

Comme la Terre, j'en tiens une couche.
Comme la Terre, je suis farouche.

Si toi aussi quand tu vois notre planète tu te dis :
« Saturne pas rond »
Alors, au lieu de flipper, allions nos dos fins.

Créons un nouveau système.
Il sera solaire.
Et tout neuf.

Je t'attendrai sur la terre ferme et cultivée.
Car c'est là qu't'es,
Sur ma voie.

D'une chambre à part à notre maison commune :
il n'y a qu'un pas.
Qu'un pas sage qu'il nous faudra franchir.
Ce ne sera pas la mer à boire.
Non : buvons plutôt le fruit de la vigne.

Nicole Logis

RETOUR À LA TERRE ENVISAGEABLE – JF cherche JH lecteur de *Limite* (ou non), curieux, pas fatigué, bonne bibliothèque, grands désirs, goût de l'aventure, autour de 26 ans pour rire, lire, agir, prier, chanter, marcher, danser, penser, se baigner, bien manger, écouter, voyager, cuisiner, éduquer, être radical, refaire le monde, jouer de la musique, avoir des enfants, cultiver son jardin, tisser des liens, s'enraciner, répondre aux petites annonces et veillir. Retour à la terre envisageable. Écrire à anclo@ecomail.fr

JE DANSE LA VIE – Motivé pour une aventure à 2 dans une démarche laudato Si' au vert ? JF 32 ans, jolie, joyeuse, dynamique, main verte et un brin intello, cherche JH 29-40 ans de bonne humeur, drôle, bienveillant, catho, prêt à se dépasser pour accueillir, faire fleurir et danser la vie ! Merci de joindre une photo. Écrire au journal. Réf BG7556.

JF CHERCHE L'ANTICAPITALISTE CONVIVIAL DE SES RÊVES – Jeune fille joyeuse et dynamique, devise *Mens sana in corpore sano*. Recherche Jeune Homme en pull marin, curieux, attentif, serviable. Esprit vif et politiquement incorrect. Cherche grand amateur de balades en bottes et feux de cheminée. Soif d'Absolu nécessaire. Intérêt souhaité pour mon potager expérimental en permaculture. Propose Dot Sobre et Heureuse. Désir de Sainteté à partager. Hommes idéaux s'abstenir. Écrire à l'adresse : unemadeleinedeproust@gmail.com Madeleine

PITRES BIENVENUS – JF de 31 ans, haut-perchée, active et aimant son Créateur rencontrerait volontiers créature masculine sensible aux joies de la Création, des randos escarpées au veau marengo bien accompagné. Pitres bienvenus, caractère joyeux indispensable, brevet de pilote non exigé (mais je n'ai rien contre). – Écrire au journal, qui transmettra.F.B

Moins » rimeront et au souffle de l'Esprit nous les conjuguerons. Parce que la qualité commence à la maison, notre couple en priorité nous soignerons, et nos enfants avec pétillance, patience et bienveillance éduquerons. Et voilà, à tout cela de l'humour, des défauts et des imperfections ajoutons, et la recette de notre bonheur nous trouvons !

JEUNE DEMOISELLE RECHERCHE UN MEC MORTEL – Jolie minette bien dans ses sandalettes cherche présence masculine, de préférence *ad vitam aeternam* pour s'occuper du potager, cuisiner au feu de bois, voyager le nez au vent et lire limite au milieu des champs.

De quoi mener une vie au grand air et aux quinze bambins ! [projet à étoffer]

Qualités requises : beauté de corps et d'âme, sens du concret, ouverture d'esprit et de cœur, inclinaison artistique hautement développée.

Si profil sortant du lot souhaite se manifester.

Princesse Adélaïde
06 74 84 83 72

JARDILAND – Belle plante, 32 ans avec le printemps, cherche jardinier pour cultiver son joli sourire. Arrosage régulier au jazz et au théâtre. Engrais favoris : le bon vin, le thé subtil et le chocolat au goût intense. Terreau généreux, douceur, caractère et profondeur… à entretenir par un homme épanoui, dynamique, doté d'une sensibilité artistique et spirituelle, aimant ou tolérant les jeux de mots vaseux. Si tu n'as pas peur de prendre un râteau, demande ma photo et mon numéro à la rédaction !

Cl.B

LETTRE À UN INCONNU – Paris, le 14 février 2019 – Cher inconnu, De nature sociale et de tempérament enjoué, aimant construire les projets, voyager, randonner et désirant construire un foyer catholique, j'aimerais rencontrer un homme, la trentaine aux mêmes intérêts. Catholique pratiquante, partager la même foi est important pour moi. Cette petite annonce sera-t-elle le commencement d'une grande et belle histoire? Si vous vous reconnaissez, écrivez au journal qui me fera suivre votre petit mot ou votre longue lettre! Bien à vous, **Marie**

BAUDELAIRE DANS LA CLAIRIÈRE

Toi, mon amour, mon ami / Toi que j'ignore, ce dont je blêmis… / Aimes-tu les prés verts? / Aimes-tu Baudelaire? / Es-tu celui que mon cœur espère, / Avec une maison au milieu d'une clairière! / Dans un coin pas trop paumé, / Au mieux, près de Poitiers… / Je suis une brunette, / Parfois chiante, parfois chouette, / Avec ses jours; cela rassure / Je peux être mère, je le jure! / Réponds-moi si mes vers t'ont séduit, / Si à l'amour, ton cœur est réduit / Je suis dispo / Pour l'apéro – **T.D. noemiedauphin@yahoo.fr** (c'est sa sœur!)

INGÉNIEUSE – JF 24 ans, ingénieur, extravertie, cherche homme à admirer: si vous avez un jeu de cartes dans votre sac à dos, et si vous connaissez des secondes voix de chants liturgiques, ça commence très bien! Points bonus pour le côté sportif et/ou bibliophile. Plus d'infos sur ce qui compte dans ma vie: chanter à la messe, lire, assister à des conférences le soir sur tous les sujets, préparer des repas entre amis, admirer la nature, la mer et la Marine, jouer au squash, rêver de grandes aventures et admirer éternellement les agents secrets des romans… Mon aventure *Limite* inclut – mais ne se limite (!) pas à: démarrer courageusement les articles de sociopolitique mais oublier au fur et à mesure leurs sujets, faire acheter des gâteaux bio à mon entreprise, emporter ma tasse en inox dans l'avion pour économiser un gobelet, acheter habits et livres d'occasion, et essayer de comprendre le monde, tant scientifiquement (on ne se refait pas) qu'humainement… Si vous êtes tout pareil, parlons-en, si vous trouvez cela discutable, discutons-en! **VD**

POÈME – J'ai longtemps marché à l'orée des bois / Là où gisent les rayons sur les blés repliés. / Et le froissement des épis murs et sans voix, / Berçait avec langueur ma solitude retrouvée. / Moi qui portais en mon cœur ces campagnes fertiles / Je demandais au vent qui trouait les cieux, / Si sa prochaine percée dans ces brumes futiles / Détournerait vers toi cet appel radieux. / Loin des villes et des métropoles, règne l'azur / D'une aube éphémère et d'une rivière oubliée, / La mélodie d'une lisière sans murs, / Le parfum enivrant d'un soir d'été. / Peut-être alors te souviendras-tu de ce jour / Où soudain tu pris ton amour pour seule loi, / Tu as fui ce bruit sourd pour me retrouver moi. **Aurelio Lallemand**

UNE DÉCLARATION – J'ai essayé de ne pas te regarder / mais je suis attirée par ta lumière. / J'ai essayé de ne pas insister, / mais tes paroles sont de miel et ta joie une oasis. / J'ai essayé de ne pas être charmée, / mais ta beauté me donne des ailes et ta folie m'apaise. / J'ai essayé de ne pas y penser, / mais une seule note de musique me rappelle à toi, et c'est mon cœur qui swing. / J'ai essayé de me révolter, / mais tes gestes ne sont que douceurs, et si tu préfères la justice au désordre, tu n'as pas peur. / J'ai essayé de ne pas t'aimer, / mais je ne peux que brûler d'amour pour toi, terre féconde, exquise, minois enchanteur d'un monde rassuré où la mer se plie sous l'ardeur de vents contraires, ô surprise. **L.M.**

J. H. 27 ANS RECHERCHE LECTRICE DE *LIMITE*, TOUT AUTRE CRITÈRE ÉTANT SUPERFLU – On fait rêver ces personnes en parlant de permaculture et de Lubéron; quoiqu'urbain, j'ai une famille installée à la campagne depuis plusieurs années, avec oncle chasseur (gentil chasseur), père permaculteur et mère équithérapeute; bref, belle-famille en or et héritage foncier intéressant à la clé. Mais je passerais difficilement pour un paysan modèle: plus doué avec les hommes et les livres qu'avec les plantes et les animaux, je me suis tourné vers la médiation culturelle, à la croisée de l'amour des hommes et de l'amour de la culture; au-delà de l'aspect professionnel, c'est une véritable vocation qui m'anime chaque jour. Il paraît cependant que tout est lié, et accompagner nos contemporains dans la recherche d'une juste intelligence du monde, c'est certainement une forme d'écologie. Bien sûr, je recherche aussi la meilleure cohérence dans tous les aspects de l'existence, y compris l'écologie plus matérielle; mais les formes concrètes que cela prendra dépendront beaucoup des différents engagements que la vie me présentera, et des personnes qui m'y accompagneront. RDV très facile en Anjou, Touraine ou départements environnants, toujours possible ailleurs. **M.P.**

PAS SEUL À SOLAN – Au soleil sous les serres / de Solan, / j'ai remué la terre et j'ai pris du bon temps. / La sueur a coulé de mon front, / le marteau et la bêche ont battu la mesure et la guêpe a cogné sur la bâche tendue ! / Au soleil sous les serres un ami est passé une pelle à l'épaule. / Il m'a répondu / – sans que je l'appelle – / *Oui, la vie est belle à Solan!* / Sous les serres au soleil une sœur est passée. / L'habit noir qui flottait, passait, disparaissait / ne m'a pas fait crier: / *Ohé! / Ohé!* / Mais / doucement prier; / *Dieu est… / Dieu est.* / Sous les serres / de Solan / j'ai vu passer l'hiver, / le printemps et l'été / l'automne / tout colorer ! / Solan est un Éden qui sourit en disant: / ici sommes des frères et des sœurs en un seul. / Une joie qui se vit / ne se décline pas / en discours moralistes / comme au monde agité où tout file et tout coule…! / Solan, / dans le silence au bras du temps qui passe / vous accueille et se danse une fleur à la main ! / Solan c'est ici, / maintenant et demain.! / Chant divin pour chacun / à clamer / des deux mains !

Mat. B – Solan jeudi 16 novembre 2017 au retour des serres

JE TE PROMETS – Jeune homme romantique recherche une demoiselle / Pour s'en aller ensemble loin de la jungle urbaine. / Arpenteur de montagnes et grisé par la mer / J'aimerais y emmener une belle aventurière. / Ne sachant qui choisir entre Ajar et Gary / Également grand lecteur de Saint-Exupéry. / Petit Prince de grande taille, élancé et bouclé / Je voudrais par une rose me faire apprivoiser. / Quant à mes opinions, elles fluctuent quelque peu / Selon l'humeur, le temps, les tourments amoureux. / Je garde cependant comme principes intangibles : / L'écologie sociale, la parole de la Bible. / Non, en réalité je suis peu pratiquant / Juste un catho de gauche, comme le sont mes parents. / Loin d'être fou des messes, je préfère les actions / Je te fais la promesse d'une brûlante passion. / Nous pourrions commencer, afin de se connaître / Par nous écrire des lettres, avant d'unir nos êtres. / Nous partirons ensuite, nous tenant par la main / Et vivrons, j'en suis sûr, de radieux lendemains. / Je t'attends. **Brieuc –** 21, rue du Grenier à Blé, 78690 Les Essarts le Roi

PERDU DE RECHERCHE – À Monsieur le Poulpe pêcheur au gilet jaune et à la parole qui débite. / Vivante, je désire l'être pleinement, d'une vie embrassant ses limites, / Avec toi pour planter, cueillir, pêcher, rire, se planter, se recueillir, bêcher, toujours dans la joie, mon cœur m'y invite. / Tu aimes la nature, et moi, malgré tes doutes, en ça depuis toujours je t'imite. / Un jour tu as fui, guidé par tes peurs, comme ligne de conduite. / Toute à la confiance, aujourd'hui peu m'importe la suite, / Qui sait, épousant la nature, peut-être finirais-je ermite ? / Simplement, grâce à *Limite*, j'ose écrire sans limite : / À présent, laisse-toi aimer et choisis d'aimer pour que ton cœur jamais ne se délite ! **Mlle Pouet des Mûroises, pleine de mérites**

ÉMOTIVE, RIEUSE ET PLEINE DE VIE !

À Toi, mon bonhomme catho-ecolo-bricolo, qui as à cœur de vivre un monde

ouvert aux relations douces, pétillantes et équilibrées !

Branchée circuit-court, compost, amour au long cours, nature, découverte,

valeurs sûres et basse consommation,

À l'aise dans mes baskets pour un footing, heureuse avec mes bottes au cœur de la forêt et femme perchée sur mes escarpins à danser jusqu'au petit matin,

Fan de récup', de seconde-main, de bricole et de brocante, pour un univers plein

de simplicité et de créativité,

Émotive, rieuse et pleine de vie !

On sera si grand et si heureux à deux, je te cherche et t'espère toi mon coéquipier

de cœur, mon âme sœur,

Envoie ton pigeon voyageur à *Limite* que nous puissions nous rencontrer !

Vivement !

Clairette, 33 ans (Rat des villes et rat des champs, les deux me convenant bien !)

UN SENS AUX CHOSES – Chère demoiselle, Si tu aimes la nature, l'agriculture et la philo cela nous fait déjà quelques points communs ! Lectrice de *Limite*, tu es peut-être proche des idées ou connais les idées écolo-chretiennes et de sobriété heureuse et je les partage aussi ! Comme la passion de la littérature (Tolstoï mon amour) et des sciences sociales en tout genre (sociologie, psychologie, théologie etc.…) : bref j'aime réfléchir et discuter en toute humilité sans condescendance, les balades, les randonnées et les voyages ! J'aime côtoyer de nouvelles cultures (surtout l'Europe du nord et de l'Est…) et suis passionné par l'apprentissage des langues, la cuisine (eh oui…) et le sport. Bref rien d'original mais dans la ligne de la sobriété heureuse de beaucoup de lecteurs de *Limite* et sait-on jamais, si toi aussi tu donnes une grande importance et un sens aux choses, que tu crois en la fidélité et la sincérité, l'humilité et la vie écologique, que tu es sur Paris et que tu as entre 20 et 25 ans n'hésite pas ! **BD.**

L'AMOUR DEVRAIT ÊTRE COMME UN ROMAN DE KUNDERA – Me voilà donc, cœur solitaire parmi tant d'autres, inconnue égarée dans la froide immensité parisienne. Il arrive de temps à autre que je sente cette délicieuse bise qui frôle mes joues empourprées. Et je vois, de façon si claire, un silence moelleux, chargé de confiance et de simplicité. Ce silence si sécurisant, et à la fois si puissant. Et je vois cet œil vif, persan qui saura donner une douce consistance à mes sentiments confus. À deux, effaçons la rigide futilité quotidienne, ne restons plus ces créatures isolées au coin de bibliothèques poussiéreuses. L'Amour devrait être comme un roman de Kundera, aussi frais et candide que lourd de sens et vital. **Anna – tellustabilita@gmail.com**

UNE HISTOIRE POUR LES ARCHIVES DE *LIMITE* – Maintenant plus proche des 40 ans que des 30, à la fois lectrice assidue de *Limite* et de la *Semaine juridique*… Catho assumée, adepte de randos, des repas de quartier et de jardinage, pas encore adhérente au zéro déchet, simple sympathisante malgré les insistances des amis, qui travaille beaucoup mais qui se soigne, un peu râleuse, d'un calme qui s'efface pour défendre ce(ux) que j'aime, en bref une écolo intégrale imparfaite, recherche un ~~écolo~~ homme imparfait qui ne craint pas les gens aux périphéries de *Limite*. Si tu te sens concerné, que tu aimes le bricolage et les discussions animées autour d'un repas, que tu te sens à l'aise avec la vie de village et les courses au marché qui s'éternisent en bavardages, que tu es prêt à changer doucement mais sûrement notre Monde, à commencer une jolie histoire pour nous et, « cerise sur le pompon », pour les archives de notre revue préférée, Ce message est pour toi, **– MS laudatosi-monami@laposte.net**

L'AMOUR VOLCAN – J'habite au pied des volcans, et ça, c'est le rêve pour une valse à mille temps. Bien sûr, je suis prête à vivre d'autres manières dans un autre milieu. Car le mien, professionnel, est culturel. Ma transition perso écolo n'en est qu'à ses balbutiements, et parce qu'inachevée, je cherche un valentin tout aussi limité avec lequel me hisser tout en haut du cratère. Là, j'espère qu'il aime contempler les merveilles, à trois, car j'accorde une grande importance à la foi, et aussi, parce que c'est la décennie que j'ai rejointe l'année dernière. Allez viens, on va s'entrelimiter ! Attention : même si ma position géographique l'exigerait, je ne suis pas ultra fan de rugby. Mais j'aime bien le jaune et le bleu, c'est déjà ça.

Salut les amoureux !

Annick & Thomas Barral

Plus doux que le miel, plus forts que le consumérisme

Le hasard du calendrier a voulu que Thomas et Annick Barral me reçoivent un 14 février. Attablée dans leur cuisine familiale, aux confins de la Bourgogne, je suis ravie d'échapper au tapage sentimental du jour pour mieux écouter ces amoureux qui ne font pas de bruit. Ils me racontent leur histoire, leur amour et leurs convictions. Rencontre agrémentée d'une tasse de café et d'un gâteau aux prunes, pas industriel.

C'est dans un centre de soin pour animaux sauvages campé du côté de Nancy, un repère d'« hurluberlus » désireux de protéger la nature, qu'ils se rencontrent dans les années soixante-dix. Après leur mariage, ils atterrissent dans l'Yonne où lui se consacre à l'apiculture et elle à l'enseignement du portugais. Cinquante ans plus tard, cette ferveur écolo reste le biocarburant de leur histoire d'amour. Elle s'exprime différemment chez l'un et l'autre. Thomas est plutôt du genre contemplatif ; il a « toujours été attiré par l'écologie, l'environnement, les petites bêtes », confie-t-il. La veille de notre goûter, il emmenait son petit-fils patauger dans une mare pour observer la reproduction des salamandres. Annick, de son côté, est plutôt du genre militant. Engagée dans mille associations, elle déploie une énergie folle pour « faire bouger les choses ». Il y a quelques jours, bravant le froid, elle se postait dans un centre-ville du coin avec des amis, également fâchés contre les pesticides, pour le collectif *Nous voulons des coquelicots.*

> On s'était dit que c'était dans notre façon de vivre, dans notre façon de consommer et de gérer nos déchets qu'on serait les plus efficaces

Lucide sur la gravité du drame qui est en train de se jouer, Thomas parle du sort des abeilles, empoisonnées à la vitesse de la lumière par les produits chimiques dont on gave les sols. Hors de question d'en rester là. Face à cette presque apocalypse, ils ont toujours cherché à convertir leur mode de vie : « on s'était dit que c'était dans notre façon de vivre, dans notre façon de consommer et de gérer nos déchets qu'on serait les plus efficaces ». Si tous les deux savent donc piquer des coups de gueule de temps en temps, s'ils savent faire capoter tel ou tel projet visant à ravager un peu plus la Terre et tous ses habitants, leur préférence va à une révolution domestique. « On vit simplement » me disent-ils. Ils ne mettent jamais les pieds dans une grande surface (sauf pour acheter des brosses à dents). Le potager qu'ils cultivent dans le jardin leur suffit. Le reste de leurs provisions vient de producteurs des environs. Cette frugalité leur paraît bien naturelle : Annick m'assure ne pas avoir l'impression de faire quoi que ce soit d'exceptionnel.

Thomas et Annick ont l'air comblés. Comblée je le suis aussi, parce que mes hôtes aux yeux bleus m'offrent, avant que je ne grimpe dans le train du retour, un énorme pot de miel butiné par leurs abeilles, récolté dans leurs ruches. On reconnaît l'arbre à ses fruits : je suis conquise par cette générosité intégrale. ● **Maïlys de Craecker**

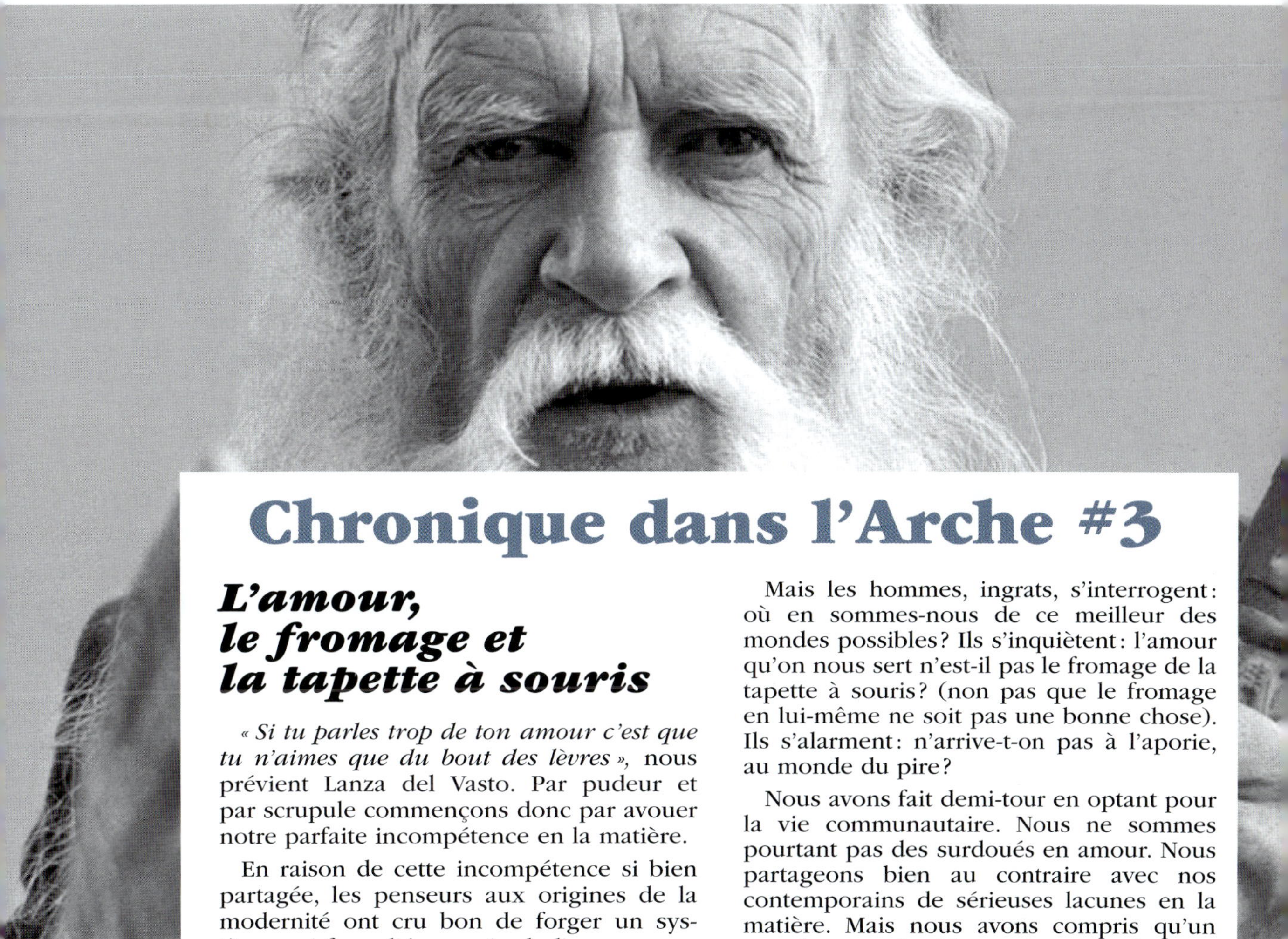

Chronique dans l'Arche #3

L'amour, le fromage et la tapette à souris

« Si tu parles trop de ton amour c'est que tu n'aimes que du bout des lèvres », nous prévient Lanza del Vasto. Par pudeur et par scrupule commençons donc par avouer notre parfaite incompétence en la matière.

En raison de cette incompétence si bien partagée, les penseurs aux origines de la modernité ont cru bon de forger un système qui fasse l'économie de l'amour, sentiment jugé trop versatile, aussi instable et explosif que de la nitroglycérine. Ils se sont donc appuyés sur son contraire : l'intérêt, avec l'espoir que la main invisible d'un côté et la boîte magique des urnes électorales de l'autre allaient aboutir au meilleur des mondes possibles. À cela s'est ajouté un nouveau phénomène pour éloigner un peu plus le cœur humain du champ des relations sociales et politiques : le technocratisme.

L'amour n'est certes pas complètement absent de notre monde : nos ingénieurs de la fluidification des relations sociales ont bien compris que les foules sentimentales n'étaient pas comblées par les réalisations froides des hautes idées de l'intellect. On leur injecte donc de l'amour à dose modérée comme lubrifiant des rouages sociaux ainsi que quelques grands moments illusoires d'effusion collective. Et si ce n'est pas suffisant, l'industrie du divertissement prend le relais : l'amour est l'un de ses plus juteux fonds de commerce ; le peuple peut être heureux ; il vit l'amour par procuration.

Mais les hommes, ingrats, s'interrogent : où en sommes-nous de ce meilleur des mondes possibles ? Ils s'inquiètent : l'amour qu'on nous sert n'est-il pas le fromage de la tapette à souris ? (non pas que le fromage en lui-même ne soit pas une bonne chose). Ils s'alarment : n'arrive-t-on pas à l'aporie, au monde du pire ?

Nous avons fait demi-tour en optant pour la vie communautaire. Nous ne sommes pourtant pas des surdoués en amour. Nous partageons bien au contraire avec nos contemporains de sérieuses lacunes en la matière. Mais nous avons compris qu'un monde non fondé sur l'amour devenait toujours un peu plus irrespirable, au sens propre comme au sens figuré. Pour nous, la vie communautaire est devenue cet inestimable professeur aux leçons parfois rudes pour les durs petits cancres que nous sommes. Notre règle, comme le souligne la phrase liminaire, en constitue la pédagogie : *« Vous vous aimerez les uns les autres sans quoi nul travail ne peut plaire à Dieu ni produire de bons fruits. »* À vrai dire, c'est un long et patient travail sur soi et avec les autres que de chercher cet « amour sans revers de haine », travail de décantation, de purification. Ce serait mentir que d'en taire les souffrances, lesquelles sont des indices précieux de ce qu'il nous reste à convertir. Mais nous savons que de ce sillon peut surgir une vie féconde.

« L'amour rend aveugle » : parole mondaine et arrogance intellectuelle. L'amour nous ouvre les yeux sur la beauté du monde possible.

Paix force et joie !

Les compagnons de l'Arche du Gwenves

Par
La communauté de l'Arche de Lanza del Vasto du Gwenves

Comme des bêtes

Johannes Herrmann
Membre de la rédaction,
auteur de *La Vie oubliée*,
(Première Partie)

Le lien amoureux est-il le propre de l'homme? Chez l'homme comme chez la bête, l'être « aimé » n'est ni un clone, ni un être générique et abstrait. Leçons d'amour de nos amies les bêtes. Ou quand Docteur Love est une oie cendrée.

Le lien amoureux est-il le propre de l'homme? Certes pas. La proverbiale fidélité des oies ou des corbeaux n'a rien d'un mythe. Les oiseaux illustrent à eux seuls la variété et la complexité des liens entre individus précis, qui peuvent exister au sein d'une même classe animale. Tout existe, de moins l'infini à plus l'infini. Les hirondelles de nos granges sont si peu physionomistes qu'on a vu des couples fils-mère ou frère-sœur. Les bihoreaux, étranges hérons nocturnes des bois marécageux, incarnent le cas très courant de la « bande anonyme »: quoique grégaires, les oiseaux ne se reconnaissent pas entre eux, même au sein de la colonie, et gaspillent de l'énergie à enguirlander sans cesse les voisins, pris à chaque fois pour des intrus. À l'autre bout de l'échelle, l'oie cendrée ou l'épervier nouent avec leur conjoint (ainsi que, chez l'oie, avec leur troupe) des liens durables et profonds. Du travail des éthologues comme Konrad Lorenz, retenons que l'amour, le lien durable entre deux congénères, dépend de la capacité à reconnaître l'autre en tant qu'individu, semblable mais distinct de soi-même, et aussi qu'il est un descendant de l'agression. Curieux! Pourtant, l'étude de son histoire est formelle. *« L'agression intraspécifique est plus ancienne de millions d'années que l'attachement personnel et l'amour. Nous ne connaissons d'amour que chez les téléostéens [les*

poissons osseux, soit 99,8 % des espèces actuelles de poissons], les oiseaux et les mammifères [...] *Il existe bien une agression sans son antipode, l'amour. Mais à l'inverse, il n'existe pas d'amour sans agression »* [au sein d'une même espèce, on s'entend]. Que nous enseigne cette découverte?

Roule ma poule

L'agression intraspécifique (entre congénères) chez l'animal nous évoque de sanglantes empoignades entre taureaux furieux. La plupart du temps, il n'en est rien. Ce qu'on appelle ici agression est ce qui pousse un animal à ne pas tolérer son congénère en-deçà d'une ligne rouge. C'est l'instinct qui force les individus à se repousser les uns les autres, jusqu'à une distance de sécurité qui correspond au territoire nécessaire à chacun, ou chaque couple. L'agression « désagglutine » les individus, les empêche de rester en masses amorphes et immobiles; elle les pousse à se répartir espace et ressources, et donc à conquérir le monde. Elle n'impose pas de se sauter à la gorge pour un duel à mort. Nos cousins à poils, plumes ou nageoires ont développé force de rituels pour trancher les conflits sans faire couler le sang. Postures menaçantes, bonds, poursuites, nageoires multicolores agitées en étendard, vociférations[2] jouent le même rôle que nos hakas, rutilants uniformes, étendards, tweets de Donald Trump et gros missiles: montrer ses armes pour ne pas s'en servir (un mauvais coup est vite arrivé). Aujourd'hui, l'agression demeure l'interaction sociale la plus archaïque, la plus ancrée. Nous ne pouvons pas l'extirper et le ferions-nous, que nous perdrions gros. Une étude fine des comportements humains montre, souvent, l'instinct d'agression dans ses sources. L'agression n'est pas « le mal »: c'est un feu, qui peut brûler, ou forger. Les plus hauts actes de l'âme humaine ne sont pas l'agression niée, mais l'agression abréagie, sublimée, transfigurée. Sans elle, pas d'engagements, pas de militants, rien qui vaille le sacrifice. Pas de rire, non plus, qui s'exerce toujours aux dépens de quelqu'un, y compris de soi. Surtout, pas d'amour.

Seuls sont capables d'amour les animaux qui savent se reconnaître « personnellement », et chez ceux-là, l'attachement individuel est d'autant plus vif que le niveau d'agression intraspécifique est fort. Lorsqu'il est faible, c'est le troupeau d'êtres sans nom et sans visage, qui ne peuvent ni se distinguer, ni trier, ni choisir « l'élu de leur cœur ». Enfin, chez les oies, les grues, les singes, et chez nous, les rituels de lien au sein du couple étaient à l'origine des parades belliqueuses. Dérivées, réorientées, elles sont devenues rites d'apprivoisement de l'autre, nouant ainsi des liens d'un genre nouveau. Amour « jaloux » du poisson corallien qui défend à la fois compagne et territoire, fidélité à vie des grands corbeaux, complexe société de la meute de loups, chaque espèce a poussé, dans cette voie, aussi loin qu'elle en tirait des avantages pour la survie. Cette vie sociale élaborée n'a fait que croître et se complexifier encore. Notre amour humain est né là, des expériences animales qui ont montré que reconnaître son vis-à-vis comme un autre soi-même et comme un être unique ouvrait la voie d'une vie nouvelle. Chez la bête comme chez l'homme, l'être aimé n'est ni notre clone, ni un être générique et abstrait: « parce que c'est lui, parce que c'est moi ». N'est-ce pas aussi ce qu'en dit la Genèse, à travers Adam qui ne trouvait pas, chez les bêtes sauvages, « d'aide qui lui fût assortie », et qui s'exclama « ce coup-ci, c'est l'os de mes os et la chair de ma chair[3] », devant la femme, qui n'était pas sa copie, mais un être nouveau? ●

Amour « jaloux » du poisson corallien, fidélité à vie des grands corbeaux, chaque espèce a poussé, dans cette voie, aussi loin qu'elle en tirait des avantages pour la survie.

---

1. LORENZ Konrad (1983). *L'agression. Une histoire naturelle du mal.* Flammarion, éd. Champs Sciences, p. 210
2. Si vous saviez ce que se disent vraiment deux charmantes petites mésanges mâles qui chantent chacune dans son poirier!
3. Gn 2, 23

Pour un putsch avec toi

Péages et rond points sont-ils devenus glamour ? Depuis cet hiver, les Gilets jaunes sortis manifester leur mécontentement contre Jupiter n'ont pas seulement déniché de formidables slogans politiques. Certains d'entre eux ont aussi trouvé l'amour. Les liens vivants, colonne vertébrale du mouvement, ont porté leurs fruits. Tours des ronds-points des histoires amoureuses qui nous ont mis du baume au cœur.

Par Clémence de Vanssay avec Théo Moy

Illustration de Marie-Anne Bezon

Trouver l'amour sur les ronds-points

Imagine-t-on rencontrer son prince charmant sur un rond-point, entre deux palettes et un barbecue ? C'est ce qui est arrivé à Claudie, Gilet jaune de 64 ans. Elle a fait la connaissance de Jean-Michel lors d'une manifestation à Orléans le 17 novembre 2018. Peu à peu, manif après manif, ils sont tombés amoureux. « *Si on peut passer un moment ensemble, c'est toujours ça. On n'a plus d'argent mais on aura quand même trouvé l'amour.* » raconte Jean-Michel, au micro de France Bleu Orléans.

Sous les pavés, le mariage

Samedi 19 janvier 2019. Acte X des Gilets jaunes. Cette date a cependant une autre saveur pour Virginie et Mourad. C'est pendant la manifestation interrégionale de Belfort que ce dernier a fait

sa demande en mariage. Après vingt-deux ans de vie commune, engagés ensemble dans la lutte des Gilets jaunes, le couple décide de se marier, sous les applaudissements des camarades.

Mariage au péage

« Chouchoune » et « Coco bel œil », comme on les appelle, ont célébré symboliquement leur mariage samedi 8 décembre, au péage de Séméac, dans les Hautes-Pyrénées. Le thème des festivités ? Jaune fluo bien sûr ! Couronne de fleurs, robe, costume du marié, tenues des garçons d'honneur, invités… tout le monde a respecté le dress code. Qui aurait pu croire que les infrastructures de *Vinci Autoroute* deviendraient un jour l'écrin d'un bonheur marital ? Là où il y a le dividende, que je mette l'amour. Quant à la lune de miel, quoi de plus romantique qu'un tour de rond-point à moto !

Sites de rencontre

Les pages *Facebook* « Adopte un Gilet jaune » se sont multipliées depuis le début du mouvement. Créée le 26 novembre, la première compte déjà plus de 4 000 membres. On peut lire sur le réseau social : « *en traversant la rue on trouve du travail comme dirait l'autre, peut-être qu'en tournant autour d'un rond-point on trouve l'amour.* » En marge, de nombreuses pages à l'échelle départementale se développent, sur le même modèle. Les ronds-points sont en effet devenus des lieux de rencontres et de convivialité, permettant à beaucoup de Gilets jaunes de lutter contre la solitude. Ces pages *Facebook* créent une communauté d'internautes engagés, qui partagent un certain nombre de valeurs. On est loin de *Tinder*. De nombreux messages politiques circulent, des blagues, des réflexions, ainsi que des petites annonces… Chercher l'âme sœur parmi ceux qui ont en commun la colère et les fins de mois difficiles, voilà ce que proposent ces pages aux célibataires du mouvement.

Bébés Gilets jaunes

Mardi 11 décembre, Julien, ambulancier, et sa femme Gaëlle étaient en route vers la maternité de Quimper. À 9 heures du matin, au niveau du rond-point de Troyalac'h occupé par des Gilets jaunes, Julien est contraint de jouer les apprentis sages-femmes. Le bébé naît en bonne santé et les urgences sont rapidement sur place. Julien raconte la suite au *Parisien* : « *Le plus drôle, c'est que dix représentants des Gilets jaunes, qui ont eu vent de cette histoire, sont venus voir Gaëlle à la maternité ! Avec plein de cadeaux pour notre petite Calie… qui va très bien* ». Une histoire similaire s'est déroulée dans les Landes jeudi 22 novembre. Des Gilets jaunes ont vu s'arrêter à leur hauteur un véhicule dans lequel une future maman était sur le point de donner le jour à son enfant. Le couple étant venu demander l'aide des forces de l'ordre, ce sont deux Gilets jaunes, un ancien pompier et une aide médico-psychologique qui ont pris soin d'elle et l'ont rassurée en attendant les urgences.

> Dans le film *J'veux du soleil* de François Ruffin et Gilles Perret, un Gilet jaune de trente ans, père en grande précarité, confie : « *Ça faisait dix ans que je n'avais pas eu d'amis* ».

Macron sait-il aimer ?

Trouver l'amour en gilet jaune, c'est loin d'être un hasard. La fraternité, vécue au quotidien sur les ronds-points, est la colonne vertébrale du mouvement. Dans bien des régions où le mouvement des Gilets jaunes a prospéré, la place centrale du village, lieu de socialisation s'il en était, n'est plus qu'un souvenir de carte postale. Avec le règne des grandes surfaces et autres zones d'activité, la géographie périphérique s'apparente à un vaste complot contre toute forme de vie sociale. Alors, quand dans un grand mouvement ces anonymes se rassemblent et font l'expérience de leur existence commune, leur amour rayonne. Dans le film *J'veux du soleil* de François Ruffin et Gilles Perret, un Gilet jaune de trente ans, père en grande précarité, confie : « *Ça faisait dix ans que je n'avais pas eu d'amis* ». En se reconnaissant comme semblables, les Gilets jaunes ont terrassé toute forme de honte sociale.

En salle le mercredi 3 avril.

Salut les amoureux !

Les Girardeau

Ralentir pour mieux s'aimer

Malgré l'heure tardive, Figaro me fait bon accueil. À mon arrivée, il jappe et gambade autour de moi. Très attachant, ce chien d'eau suit l'exemple de ses maîtres, Fabrice et Laure, respectivement 46 et 41 ans dont 16 de mariage. Ils se sont rencontrés à Lyon, au détour des bancs de la bibliothèque universitaire. Membres de la communauté des *couchsurfeurs* depuis plusieurs années, il faut leur ajouter une autre marque de distinction : leur passion pour la petite Reine. C'est ainsi que la famille s'est inscrite sur *Warmshower*, une plateforme mondiale dédiée à l'hospitalité entre cyclistes. Les Girardeau résident à Dole, dans le Jura, avec leurs trois enfants. Cette bourgade est située le long de la véloroute 6, reliant Nantes à Budapest, un point de passage de nombreux cyclotouristes lors des mois d'été. « *L'inscription à Warmshower nous est venue naturellement,* explique Laure. *Le vélo est pour nous un loisir autant qu'un moyen de transport* ». Au fil des années, les rencontres se succèdent sur les bords du Doubs. Certains cyclistes sont seuls, d'autres viennent à plusieurs et arrivent parfois des familles entières. Cet élément a fait naître un projet un peu fou : réaliser un grand voyage de six mois avec les enfants.

Fabrice et Laure avaient pédalé durant leur jeunesse, mais le faire avec leurs enfants constituait un défi. « *L'Amérique du Sud est vite devenue une destination rêvée,* raconte Fabrice. *Cela renvoyait à un imaginaire qui m'attirait.* » Le périple a demandé une préparation longue de deux ans pour parer aux éventuels aléas techniques du voyage. « *Mais finalement nous n'avons pas eu de crevaisons !* » sourient-ils. Sur 3 595 km, à travers le Chili, l'Argentine, la Bolivie et le Pérou, l'aventure s'est parsemée de rencontres qu'ils racontent avec beaucoup de joie. « *Le vélo, en étant une évidence par rapport à nos attentes, était aussi un moyen d'établir une proximité avec les gens une fois sur place.* » Il fut également un moyen de socialisation à travers le réseau *Warmshower*. « *Nous n'avons jamais eu de problèmes quant à l'hospitalité. On a toujours pu trouver un endroit pour planter notre tente, même si on ne le savait pas le matin même.* »

Plus qu'un loisir, le vélo est pour le couple une véritable philosophie de vie. « Faire du vélo, qui plus est en famille, permet de ralentir le temps en vacances. Contrairement au bus, qui peut faire traverser une région entière sans découvrir l'âme du pays, là nous étions obligés de passer par tous les villages, de questionner les gens sur l'itinéraire, ou pour leur demander un endroit où dormir. » Aller vers l'autre, et le recevoir, que ce soit à Dole ou Lima, les Girardeau en ont fait leur grand plateau ! ***Étienne Gaillard***

L'amour est dans le quoi, déjà ?

Derrière le spectacle des amours bucoliques à la mode M6, se cache le scandale de la solitude dans nos campagnes françaises.

Ne pas parler de l'Amour est dans le pré. Ne pas parler de l'Amour est dans le pré… Difficile pourtant d'aborder la question de l'engagement amoureux dans une chronique paysanne, sans évoquer l'émission à succès qui sévit sur M6 depuis quatorze saisons. Là, des agriculteurs et agricultrices, plus ou moins caricaturaux selon les besoins de la production, exposent face caméra leurs tentatives pour trouver l'âme sœur auprès d'autres cœurs esseulés, attirés par l'aventure champêtre. Le Tournez-manège d'antan, en somme, mais avec des candidats élevés en plein air !

Ne soyons pas trop sévères et reconnaissons à cette émission d'avoir braqué les projecteurs sur nos campagnes, et d'avoir levé le tabou du célibat chez les agriculteurs. Il est loin le temps où chaque village, au creux de chaque vallée, grouillait de vie et de batifolages dans les foins. Avant l'hémorragie rurale, on se mariait comme vient le printemps, par amour et pour suivre la logique des choses. Certes, les journées étaient longues et les gestes tendres étaient rares. L'intimité du logis, quasi inexistante. S'aimait-on moins pour autant ? Le souvenir d'un baiser discret ou d'une main effleurée entre mon grand-père et ma grand-mère, au soir de leur vie de paysans, m'a davantage appris sur l'engagement amoureux que n'importe quel badinage télévisuel…

Ne pas parler de l'Amour est dans le pré, vraiment ? On pourrait se demander ce qui pousse des producteurs à lorgner les galanteries pastorales. L'exotisme d'un monde oublié, bien sûr. Mais peut-être qu'à l'ère des relations jetables et de la phobie de l'engagement, le monde paysan a-t-il beaucoup à apprendre aux cœurs en souffrance. L'ardeur à la tâche, la patience dans l'épreuve… La tête dans les épaules quand vient le gros temps… Tenir, tenir malgré tout et œuvrer aux belles récoltes ! Il y aurait bien matière à réflexion derrière les mises en scènes à l'eau de rose. À dénonciation, aussi. Car plus que le célibat en agriculture, c'est la solitude dans les campagnes qui sert de toile de fond à cette téléréalité. Quelle possibilité laisse-t-on à un jeune foyer de s'épanouir en milieu rural, quand on leur ôte la banque, la poste, le coiffeur, l'épicerie, la maternité, la gare, le réseau téléphonique ? Et que dire de la situation économique des éleveurs qui doivent supporter, en plus, le poids écrasant des marchés ? Donne-t-on aujourd'hui le droit à notre jeunesse de se passionner pour l'élevage tout en osant rêver d'une vie de famille ?

Je me souviens de ce couple, auteur du livre témoignage *Le jour où on a vendu nos vaches*. D'elle, qui s'était juré de ne jamais épouser un éleveur. De lui, qui n'a jamais su lui avouer ses difficultés financières. Elle, qui les découvrit une veille de Noël, avec ses enfants, leur carte bancaire refusée en caisse d'un magasin de jouets. Lui, écrasé sous le poids de la culpabilité. Ils ont tout connu, de l'éventualité du divorce au spectre du suicide. Et puis l'expérience d'un amour qui se révèle dans l'épreuve, où l'on puise la force des décisions difficiles. Retrouver vite du travail pour elle. Se séparer de ses bêtes pour lui. Garder la tête haute. Et puis témoigner. Chez eux, c'est certain, même si les vaches n'y broutent plus désormais, l'amour est dans le pré. Assurément. Mince ! J'avais dit que je n'en parlerai pas… •

Par
Joseph Gynt
Membre de la rédaction de *Limite*

Limite en Amérique

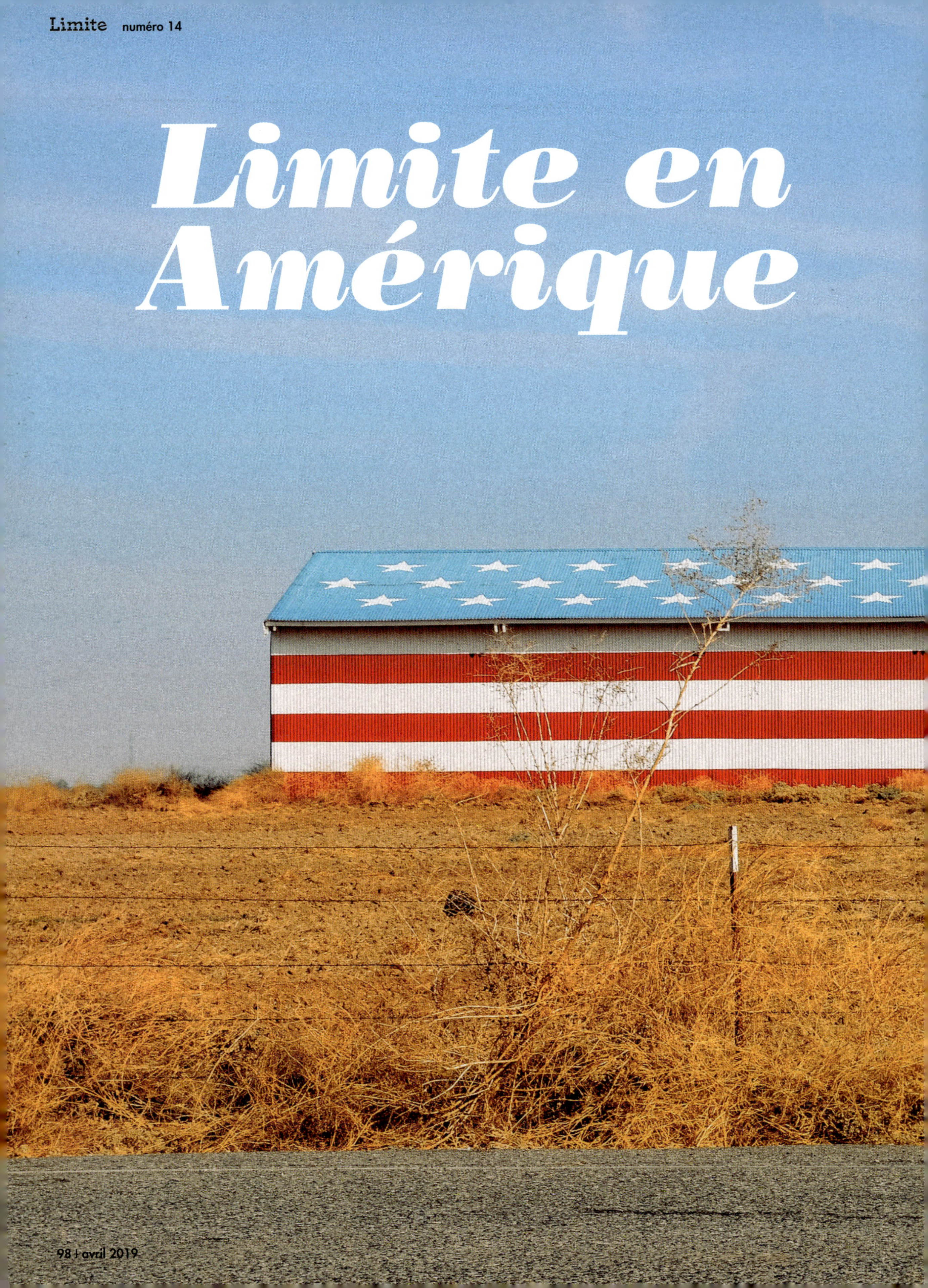

Culture

pages dirigées par Camille Dalmas et Clémence Barral

Wendell Berry

« Vous devez vous arrêter quelque part »

Dans *Les derniers jours,* Jean Clair écrivait : « Il faudra bien un jour reconnaître que l'événement majeur du XXe siècle n'aura pas été l'arrivée du prolétariat, mais la disparition de la paysannerie ». L'entretien qui suit avec Wendell Berry nous offre une leçon qu'il n'appartient qu'à nous d'entendre pour conjurer ce mauvais sort jeté par l'idéologie du progrès et retrouver une façon d'habiter le monde qui soit soucieuse de la santé de la terre comme une communauté vivante.

Né en 1934, Wendell Berry est avant tout un paysan avant d'être un poète, un écrivain prolifique, auteur de plus de quarante ouvrages, et un militant pour une écologie intégrale. Je l'ai découvert au détour de l'œuvre de Christopher Lasch, sur lequel Berry a eu une influence déterminante. Et cet entretien a été réalisé consécutivement à la sortie récente de son premier livre traduit en français *La santé de la terre, Essais agrariens* (Paris, Wild Project, trad. P. Madelin, 2018)

J'avais espéré pouvoir aller rencontrer Berry dans le Kentucky pour mener cet entretien en personne, mais les contraintes d'un homme qui, à 84 ans, exploite encore en famille une ferme agricole selon les préceptes de l'agrarisme, ne sont pas celles d'un écologiste fonctionnarisé. Et j'ai dû me contenter de l'honneur de mener cet entretien par correspondance organisé avec l'aide de son éditeur, que je remercie, selon une logistique particulière, puisque Wendell Berry, comme il l'a écrit dans un mémorable article intitulé *« Pourquoi je n'achèterai pas d'ordinateur »*, a tenu – bien heureusement – ses promesses. Le ton de l'entretien est vif et illustre à merveille la civilité simple et virile observée par Tocqueville chez « le peuple le plus civilisé de la Terre ». Une civilité vertueuse et sans fards, celle d'une Amérique aimable trop souvent éclipsée par la vindicte du politiquement correct diffusée partout sur la planète par l'Amérique mondialisée des campus, des grandes entreprises et des cabinets d'avocats.

Propos recueillis et traduits par Renaud Beauchard

Illustrations de Charlotte Guitard

Christopher Lasch présentait ainsi le paradoxe de l'individu contemporain face à la crise écologique:* « Le désastre qui menace, devenu une préoccupation quotidienne, est si banal et familier que personne ne prête plus guère attention aux moyens de l'éviter » *Partagez-vous le jugement de Lasch? Quelle est selon vous la responsabilité du mouvement écologiste dans ce paradoxe?

Un récent article du *New York Times* révélait que le glyphosate (Roundup), un herbicide connu pour causer des cancers du système lymphatique, est maintenant présent dans les céréales commercialisées pour le petit-déjeuner. Pour éviter cela, une solution simple eût été de refuser de remplacer les agriculteurs par des technologies. Il existait, en effet, jadis, des millions d'agriculteurs qui savaient comment cultiver des récoltes sans herbicides, mais ceux-ci ont disparu en même temps que leur savoir-faire. En conséquence, le problème du glyphosate dans les céréales pour le petit-déjeuner est un enjeu d'une complexité qui nous dépasse.

Le « mouvement écologiste » n'a jamais témoigné d'un réel intérêt pour la question de l'agriculture, et il m'apparaît être dans l'incapacité de le faire.

Vous affirmez souvent que toute organisation économique doit être fondée sur le foyer et vous ajoutez qu'une économie de subsistance fondée sur la production familiale générerait une économie bien plus diversifiée que celle qui repose sur la production pour le marché de masse à la consommation. Comment peut-on envisager que votre vision économique puisse espérer faire concurrence à un capitalisme reposant sur la constante transformation des goûts et l'accès sans cesse renouvelé à des biens et des sensations autrefois considérés comme un luxe réservé aux privilégiés?

Non. J'ai dit (dans mon essai « Money Versus Goods », dans le recueil *What Matters*) qu'en « *ordonnant l'économie du foyer ou de la nation, la priorité devait d'abord être donnée à la nature, puis à un réemploi des surplus générés par la terre, puis à l'économie manufacturière, puis enfin à l'économie fondée sur la consommation.* » Il s'agit d'une exacte inversion des priorités par rapport à notre présente économie qui est fondée sur une consommation et un gaspillage sans fin qui épuisent à la fois la nature et les économies ayant la terre pour fondation.

Une économie faisant la part belle à un foyer économe et productif offrirait une fondation solide pour la famille qui l'habite. Une organisation de l'activité économique, reposant sur des foyers et des communautés, cultivant avant tout pour leur

autoconsommation les richesses de leur propre environnement local, garantirait l'essor d'économies régionales infiniment plus diversifiées et plus durables que l'économie fondée sur le marché de masse à la consommation.
Une telle conception de l'économie ne peut espérer rivaliser avec le paradigme économique dominant. Mais parce que celui-ci est fondé sur la corruption et l'épuisement de toutes les ressources, tant naturelles que culturelles, l'idée d'une économie conservatrice des ressources devient de plus en plus une nécessité pratique.

Vous êtes aussi féroce que Bernard Charbonneau dans votre condamnation du rôle du « christianisme organisé » dans la propagation d'une économie destructrice. Et en même temps, tout comme Jacques Ellul, vous affirmez que « nous pouvons nous [...] détourner ou nous opposer [à la tradition biblique], mais ce faisant, nous nous enfermons généralement dans une vision simplifiée de celle-ci. » Qu'est-ce qui vous rend aussi certain que l'idée d'une spiritualité post-industrielle détachée de la tradition biblique est un mirage ?

Je ne pense pas avoir été « féroce » dans aucun de mes essais. Je me suis seulement efforcé de présenter des arguments raisonnés, patients et cohérents – même si leur caractère raisonné a parfois conduit à quelques degrés d'exaspération.

J'ai écrit, toujours avec une pointe d'amertume et de chagrin, sur le long divorce entre la religion et l'économie. Pour moi, l'*économie* ne dépasse jamais son sens originel d'économie de la maison, c'est-à-dire la façon dont nous vivons, dont nous pratiquons notre religion. Je regrette que la spécialisation de la religion dans la question de la gestion des âmes nous ait obligés à négliger nos responsabilités vis-à-vis de notre corps et de notre existence terrestre. Les Amish sont à ma connaissance les seuls chrétiens organisés qui ont interprété comme un impératif économique le second commandement de Jésus : *« Tu aimeras ton prochain comme toi-même. »* Pratiquement, cela signifie qu'ils n'ont pas remplacé leurs voisins par des machines.

Je n'ai pas la moindre idée de ce qu'une « spiritualité post-industrielle » pourrait bien être. Je ne vois à coup sûr pas la tradition biblique comme exempte de critiques, mais tout comme la littérature et les autres arts, elle a été pour moi, comme pour beaucoup d'autres, un guide et une constante source d'enseignements pratiques.

Quel conseil pratique donneriez-vous à un jeune homme ou une jeune femme qui souhaiterait mener une existence en accord avec une conception agrarienne et ne sait pas par où commencer ?

Le conseil le plus sincère, le plus sensible que l'on puisse donner à de jeunes gens est toujours celui de Gary Snyder : *« Avant toute autre considération,*

« Une organisation de l'activité économique, reposant sur des foyers et des communautés, cultivant avant tout pour leur autoconsommation les richesses de leur propre environnement local garantirait l'essor d'économies régionales infiniment plus diversifiées et plus durables que l'économie fondée sur le marché de masse à la consommation. »

Wendell Berry

dit-il, *vous devez vous arrêter quelque part.* » Je paraphrase peut-être, mais c'est à peu près ce qu'il a dit. Je pense qu'il voulait dire qu'avant de commencer à résoudre les problèmes de l'habitation humaine de ce monde, vous devez établir une connexion, qui doit être permanente et pratique, à un lieu et des voisins. J'ajouterais que je ne pense pas qu'on puisse régler les problèmes du monde, sauf en s'efforçant de résoudre leurs manifestations locales.

Est-il possible de nos jours pour quiconque à l'exception de Wendell Berry de vivre sans ordinateur ?

Personne, de nos jours, ne peut vivre sans ordinateur. Le service postal est (mal) géré par des ordinateurs. Mon compte en banque est consultable (de façon satisfaisante) sur un ordinateur. Je serais, comme je m'en suis aperçu très vite, insensé de soumettre mes écrits à un éditeur autrement que par le moyen d'un ordinateur – et par conséquent, je rémunère un ami pour effectuer les transcriptions nécessaires.

Je ne possède et n'utilise pas d'ordinateur moi-même parce que je peux accomplir mon travail à moindre coût et de façon satisfaisante sans en avoir un, et je n'en ai pas besoin.

Et je n'en veux pas. Autant que possible, je désire vivre dans le calme, l'intimité et la frugalité. Je n'aime pas et ne respecte pas l'industrie des ordinateurs, et il me plaît de ne pas leur donner mon argent.

Je sais que je ne suis pas le seul être qui ne possède pas d'ordinateur. Et si je l'étais, cela me serait indifférent.

Dans The Unsettling of America [La destabilisation de l'Amérique, N.D.T.], vous utilisiez la parabole suivante pour décrire comment le capitalisme est devenu un fait social total. Vous écriviez : « L'Indien est devenu une peau rouge, non pas par la défaite sur le champ de bataille, mais en acceptant la dépendance vis-à-vis des marchands qui ont transformé des biens industriels en une nécessité. » Concernant l'agriculture, quels ont été les moments et les étapes décisifs qui ont conduit les agriculteurs à accepter un destin semblable ?

Dans son remarquable ouvrage, *Against the Grain*, James C. Scott, suggérait que la première étape dans l'agriculture a été la transition d'une agriculture de subsistance des anciens villages à la production de biens en excédents (grains entreposables) afin de soutenir les premiers États cités. Les agriculteurs ont alors produit pour « le marché » et à cette fin, ils ont pris d'immenses risques pour des récompenses médiocres. À la fois, la terre et les fermiers ont alors été soumis à une demande sans cesse croissante de

produire davantage.

Malgré leur position désavantagée sur le marché et les autres sources d'oppression dont ils faisaient l'objet, et même en dépit de leur dépendance accrue vis-à-vis d'équipements manufacturés, les fermiers sont cependant parvenus à conserver un certain degré d'autosuffisance et d'indépendance jusqu'à relativement récemment. Le changement profondément dramatique suivant s'est produit essentiellement après la Seconde Guerre mondiale, avec la dépendance accrue des fermiers vis-à-vis des énergies fossiles, des technologies industrielles, des semences et des engrais commercialisés par des firmes agro-industrielles, des loisirs électroniques, etc. Ils ont de plus en plus abandonné leur subsistance qu'ils devaient à leur propre terre et leur savoir-faire, et ils ont commencé à payer pour des biens et des services qu'ils recevaient auparavant gratuitement de la nature et de la culture. Ils sont ainsi devenus les sujets d'une économie dans laquelle ils n'avaient aucun avantage à gagner.

G.K. Chesterton a un jour dit:* « Le féminisme pense que les femmes sont libres lorsqu'elles servent leurs employeurs, mais esclaves lorsqu'elles aident leurs maris. » *Estimez-vous que la redéfinition du succès des femmes à l'aune du seul instrument de mesure de la hiérarchie des grandes entreprises est une forme d'assujettissement par d'autres moyens?

La validité de la formule de Chesterton dépend des circonstances et du caractère de la femme, du mari et de l'employeur. Les stéréotypes, les préjugés et les clichés du féminisme ne sont pas plus fiables que ceux de tout autre mouvement. Bien que je reconnaisse qu'il y a toujours des exceptions, je penche du côté de l'auto-emploi et du travail à la maison à la fois pour les épouses et les maris, particulièrement s'ils ont des enfants. Le succès, selon certaines définitions, augmente immanquablement à mesure qu'on gravit l'échelle de la hiérarchie dans l'entreprise, mais quel que soit son statut dans la hiérarchie, même au sommet, une personne asservie à cette définition du succès demeure un employé, un subordonné, qui est sous les ordres d'un patron ou de patrons. La liberté et la satisfaction sont des quêtes qui sourient de façon privilégiée à des personnes économiquement indépendantes. L'auto-emploi, ou ce que j'en sais de ma propre expérience et de ce que j'ai pu observer, est parfaitement compatible avec l'échange de services au sein de la famille et du voisinage, et ceux-ci sont une intarissable source de bonheur.

Dans votre essai* La protection de la nature et l'économie locale, *vous faites référence à* « un rêve qu'on nomme parfois jeffersonien, mais qui est en réalité le rêve de tous les opprimés au cours de l'histoire ». *Aux États-Unis au cours de la dernière décennie, particulièrement chez les « millennials », le tabou entourant le mot de « socialisme » a été levé. Avez-vous l'espoir que le « socialisme démocratique » dont se réclament ceux qui veulent rompre avec une économie destructrice pourrait conduire l'Amérique sur la voie d'un « rêve jeffersonien » renouvelé de communautés de petits producteurs?

Dans cet essai, je citais le journaliste William Allen White du comté de Marion, dans le Kansas, où en 1912 personne n'était millionnaire et où « la richesse était équitablement distribuée parmi les personnes qui la méritaient. » J'ai écrit que ce comté représentait l'expression de « ce rêve qu'on nomme parfois jeffersonien ». Je n'ai jamais, à titre personnel, relié Jefferson à un « rêve ». Je ne suis pas d'accord avec Jefferson sur tout, mais son accent sur l'importance politique et économique des « petits propriétaires terriens » me semble être un bon fondement pour une société libre.

S'agissant du socialisme, les terres, les hommes et les liens culturels entre eux ont parfois été soumis à plus rude épreuve sous le socialisme que sous le capitalisme. Ce ne sont pas les doctrines politiques qui sont à l'origine du problème. Il trouve sa racine dans l'ignorance du besoin de maintenir la terre et les hommes en bonne santé, et dans celle des moyens à employer pour parvenir à ce résultat. Au regard de cette question centrale et incontournable, un socialiste ignorant est aussi dangereux qu'un capitaliste ignorant.

Plusieurs personnes (à l'image de Nathaniel Rich dans la* New York Review of Books*) reprochent à votre injonction de « penser petit » de n'être qu'une utopie nostalgique et vont jusqu'à vous reprocher de faire le lit de démagogues droitiers comme Trump? Comment répondez-vous à ces accusations?

Autant que je sache, aucun de mes détracteurs n'a abordé directement les questions qui sont au cœur de mes essais agrariens: qu'est-ce qui permet d'assurer la bonne santé de la terre et de ses habitants? Et comment parvenir à ces objectifs et les rendre durables à long terme? Supputer que mes efforts visant à répondre à ces questions font de moi un « allié de démagogues droitiers comme Trump » n'est pas une manifestation d'esprit critique, mais plutôt de malhonnêteté intellectuelle. ●

The man born to farming

L'homme né pour cultiver

The grower of trees, the gardener, the man born to farming
whose hands reach into the ground and sprout,
to him the soil is a divine drug. He enters into death
yearly, and come back rejoicing. He has seen the light lie down
in the dung heap, and rise again in the corn.
His thought passes along the row ends like a mole.
What miraculous seed has he swallowed
that the unending sentence of his love flows out of his mouth
like a vine clinging in the sunlight, and like water
descending in the dark?

Le planteur d'arbres, le jardinier, l'homme né pour cultiver
dont les mains s'enfoncent dans la terre et germent
pour lui le sol est une drogue divine. Il entre dans la mort
chaque année et en revient réjoui. Il a vu la lumière reposer
sur le tas de fumier, et ressusciter dans le blé.
Sa pensée traverse l'extremité des travées comme une taupe.
Quelle graine miraculeuse a-t-il avalée
pour que la phrase illimitée de son amour
lui coule de la bouche
comme une vigne accrochée au soleil,
et comme une eau
descendant dans le noir?

Poème tiré du recueil *Nul lieu n'est meilleur que le monde*, Wendell Berry, traduction Claude Dandréa, Arfuyen, 2018.

Sufjan Stevens, le banjo et la croix

For the Widows in Paradise, for the Fatherless in Ypsilanti – *« Pour les veuves de Paradise, pour les orphelins d'Ypsilanti »*: sans doute aucun titre ne saurait mieux définir l'œuvre de Sufjan Stevens que cette chanson de *Michigan*, son troisième album sorti en 2003. On y trouve tous les éléments qui font du chanteur américain un des plus grands artistes de notre époque: l'incarnation de récits dans la géographie et l'histoire de son pays, la sollicitude envers les laissés pour compte de la société et les cabossés de la vie et l'ouverture au mysticisme, avec le double sens du mot Paradise, référence à la fois à la ville du Michigan et à la Jérusalem céleste.

Par François-Xavier Moisan
Membre de la rédaction

Michigan était le premier jalon d'un projet titanesque – et rapidement abandonné – visant à réaliser un album pour chaque État des États-Unis. Dans cette ode à sa région natale et à ses souvenirs de jeunesse, Sufjan Stevens y impose la patte qui le fera connaître, avec des chansons folks finement ciselées et des textes sensibles et profonds.

Cette approche culminera avec *Illinois*, un album aux titres aussi longs que pittoresques et aux compositions étonnamment ambitieuses pour un genre souvent vu comme peu extravagant. Multi-instrumentiste de génie, Sufjan Stevens construit et arrange personnellement les multiples couches de banjo et de hautbois, de glockenspiel et d'accordéon, de triangle et de guitare qui donneront naissance à des ballades foisonnantes et baroques, livrant ce qui est devenu depuis un monument de la musique *indie*.

Épousant la cartographie de leurs régions respectives pour dévoiler les histoires et les vies cachées derrière des toponymes muets, les deux albums partagent des constructions similaires, mêlant références culturelles, faits divers locaux aux proportions quasi-mythologiques et réminiscences d'expériences personnelles. Le natif de Detroit y raconte tour à tour ses premiers amours au bord des grands lacs et l'histoire du tueur en série du comté voisin, son arrivée comme jeune étudiant dans une métropole tentaculaire et la déshérence des ouvriers des villes frappées par la désindustrialisation, l'ordination d'un ami comme pasteur et sa propre recherche de Dieu à son entrée dans l'âge adulte. Par sa façon de creuser dans ses textes l'intimité de personnages à des moments cruciaux de leurs existences, Sufjan Stevens nous fait souvent penser à Flannery O'Connor, dont les nouvelles mettaient elles aussi en scène des âmes simples en proie à un cheminement vers l'abandon – ou tout du moins l'ouverture – à la grâce à travers un sentier de douleurs et de violence.

« Et tous les arbres de la campagne battront des mains » (Ésaïe 55: 12)

Son influence est évidente dans la chanson *A Good Man is Hard to Find*, basée sur le livre éponyme de la romancière phare du *Southern Gothic*, où Stevens fait parler le meurtrier du récit dans une chanson-poème profondément introspective. Il est remarquable que celle-ci se trouve sur *Seven Swans*, son album à la fois le plus artisanal et le plus ouvertement chrétien, dont nombre de pistes reprennent directement des passages des psaumes ou de l'Histoire sainte. S'il avait déjà l'habitude de parsemer ses chansons d'inspirations bibliques, telle l'Apocalypse vécue au sommet du plus haut building de Chicago vers la fin d'*Illinois*, il laisse libre cours dans cet opus à ses aspirations religieuses: aux états d'âme de l'adolescent amoureux, il substitue la description imaginaire des tourments d'Abraham montant sacrifier son fils sur la montagne. Après avoir chanté les pauvres de l'Amérique rurale, il célèbre dans *To Be Alone with You*, un de ses morceaux les plus simples et plus bouleversants, la pauvreté parfaite de Celui qui a tout abandonné, famille et amis, habits et chaussures et est monté sur l'arbre de la croix pour nous.

Personnage complexe à la foi aussi vive que mal assurée, Sufjan Stevens a toujours refusé d'expliciter sa conception de la religion, préférant la livrer au fil de son œuvre comme une composante essentielle de son univers mais à laquelle on ne saurait le réduire. À la différence de beaucoup d'« artistes chrétiens », il ne s'agit pas pour lui de louer le Seigneur dans Ses bienfaits ou Son influence dans sa vie, dans un souci souvent maladroit de gagner l'adhésion de son auditoire. Pour Sufjan Stevens – comme pour Flannery O'Connor – Dieu est là, au recoin de chaque vers, de chaque refrain, de chaque page de texte, comme une évidence, emplissant ses chansons de la même manière qu'Il remplit le monde de Sa présence.

Même quand il chante en clôture de *Seven Swans* le texte de la Transfiguration de manière quasi-littérale, son approche est plus esthétique que prosélyte, guidée par une volonté de peindre par touches successives un tableau digne de l'événement. Fasciné par l'Incarnation, sa voix se fait plus douce, ses vers plus courts et plus denses pour célébrer le mystère du Dieu fait homme et Sa magnificence quand Il quitte un instant Son enveloppe corporelle pour nous apparaître tel que le Père Le voit. Sa naïveté en même temps que son entrain à témoigner de mystères qui le dépassent nous font alors songer aux mots de la petite Bernadette: « *Je ne suis pas chargée de vous convaincre, je suis chargée de vous le dire.* »

La grande absence

Après un retour aux expérimentations électroniques de sa jeunesse dans *The Age of Adz*, il livre en 2015 *Carrie & Lowell*, son album le plus personnel dans lequel il raconte son enfance dans un foyer, marqué par les absences régulières d'une mère alcoolique et toxicomane. Adulte capable de comprendre les manquements qu'un enfant ne pouvait que subir, il réalise au long de ces onze pistes aux accords folks plus épurés que jamais une catharsis aussi douloureuse que sublime visant à se réconcilier avec sa mère et ses souvenirs, une démarche précipitée par le décès de celle-ci en 2012.

> Pour Sufjan Stevens, comme pour Flannery O'Connor, Dieu est là, au recoin de chaque vers, de chaque refrain, de chaque page de texte, emplissant leurs œuvres de la même manière qu'Il remplit le monde de Sa présence.

Aux parenthèses enchantées des voyages en famille en Oregon répondent les longues nuits à pleurer une figure maternelle indigne et lointaine. À l'émotion facile et nombriliste de beaucoup de chansons contemporaines, il oppose une volonté de décrire la souffrance, le manque, le deuil comme des expériences intégrales de notre vie terrestre, dans un souci de les considérer, au même titre que les plus nobles joies, comme une manière de transcender notre sensibilité et d'y trouver la vérité de la nature humaine. Le cri vers Dieu de l'âme désespérée et esseulée est-elle vraiment un signe de faiblesse ou bien la découverte pénible d'une réalité de sa nature trop longtemps étouffée par les plaisirs éphémères et les contingences matérielles? Parce que l'homme est plus faible au temps de la désolation, en devient-il moins lucide ou fait-il le premier pas vers un mystère trop longtemps caché?

Poète de la vulnérabilité et de la compassion, Sufjan Stevens construit année après année une œuvre où les intuitions les plus élevées cohabitent avec les questionnements les plus chaotiques, sur des mélodies dont les accords nous vrillent l'âme et nous ouvrent nous-mêmes à des interrogations inattendues. Un des plus grands artistes de notre époque, on vous avait dit! ●

Paradis gagnés, paradis perdus

Par François-Xavier Moisan
Membre de la rédaction

New York, début des années trente. Pour fuir leurs créanciers en ville, John et Mary Sims décident d'aller s'installer à la campagne, sur un terrain qui constitue leur dernière possession. Ignorant tout du travail et de la vie agricoles, ils rencontrent en route d'autres naufragés de la Grande Dépression avec qui ils vont s'organiser pour créer progressivement une communauté rurale autonome, affrontant tour à tour les financiers accapareurs, la sécheresse et la tentation de la désunion.

La Révolution en bêchant

Notre pain quotidien est un film à part dans l'histoire du cinéma. Sorti en 1934 – et donc contemporain de son sujet, il est réalisé par King Vidor, alors cinéaste phare de la MGM et metteur en scène de grands succès populaires. S'inspirant pour l'écriture du scénario d'une anecdote lue dans les journaux, il essuie initialement refus sur refus de la part des studios, peu enthousiastes à l'idée de financer un film qu'ils jugent trop complaisant avec cette aventure collectiviste aux relents de communisme et trop critique envers leurs amis banquiers. Hypothéquant maison, voitures et bas de laine, Vidor décide de tourner le film seul, avec un budget réduit et sans tête d'affiche ni aide d'aucune structure. En ce sens, *Notre pain quotidien* est sans doute une des premières productions véritablement indépendantes du cinéma, puisqu'entièrement financée et dirigée par son auteur.

Riche de cette toute nouvelle liberté artistique, Vidor magnifie au cours d'un film resserré la genèse et le développement de cette utopie : si son propos n'a aucune prétention pédagogique (non, on n'y apprendra pas comment construire un éco-hameau autosuffisant), la grandeur de cette aventure se trouve plus dans les caractères des personnages que dans la théorie politique sous-jacente. Ce qui est filmé, au plus près des âmes, c'est le dépouillement de chaque personnalité de son individualisme au profit de la communauté et la conviction que la seule manière qu'ont ces laissés pour compte de s'en sortir réside dans la redécouverte d'une fraternité généreuse et désintéressée. Alors que cette petite société commence à trouver son équilibre, l'égoïsme s'y introduit par le biais d'une jeune citadine lascive et superficielle. Entreprenant de séduire un John fatigué de porter à bout de bras ce phalanstère aussi fécond que fragile, celui-ci se laisse progressivement convaincre par elle de retourner en ville où, si la misère est plus prégnante, l'oisiveté et la paresse y sont paradoxalement moins culpabilisantes. Dans un court arc narratif qui rappelle *L'Aurore* de Murnau et ses réflexions sur la fidélité conjugale et la tentation de l'adultère, le fondateur et meneur de cette ZAD avant l'heure se souviendra finalement de son devoir pour revenir à sa femme et à toutes ces familles que son enthousiasme aide à tenir bon, les rejoignant à un moment critique de l'histoire de leur communauté.

Alors que la sécheresse est en train de cuire sur pieds les plants de maïs, il organise le creusement d'un canal d'irrigation sur plusieurs kilomètres pour détourner une rivière jusqu'à leurs champs, dans un final magnifique qui fait culminer cette union des âmes et des corps dans des scènes dont le rythme, la composition et les plans évoquent les heures les plus glorieuses du cinéma soviétique.

Quand les esprits chagrins de l'époque n'ont voulu voir dans ce film qu'une idéalisation des utopies collectivistes, *Notre pain quotidien* est aujourd'hui reconnu pour ce que Vidor avait toujours voulu représenter : un plaidoyer pour un retour à l'idéal d'autonomie des Pères fondateurs, basé sur un système agraire et coopératif que l'avidité des barons voleurs du XIXe avait foulé aux pieds.

Les sept plaies du Texas

L'exode rural au creux des années trente est aussi le sujet d'un autre film qui nous est cher : dans *Les Moissons du ciel* (1978), Terrence Malick met en scène Bill et Abby, un couple obligé de fuir la ville après que le premier a tué un contremaître de l'usine dans laquelle il travaillait.

Accompagné de Linda, la jeune sœur de Bill, ils trouvent refuge dans les grands champs de blé du Texas, se présentant comme trois frères et sœurs pour se faire plus facilement embaucher comme saisonniers dans le vaste domaine d'un fermier fortuné. Quand ce dernier s'ouvre à Abby de son affection pour elle, Bill finit par la pousser à céder à ses avances et à l'épouser, ayant entre-temps découvert la santé très précaire de ce riche propriétaire terrien et espérant en hériter rapidement.

Fidèle à sa philosophie et à son approche symboliste du cinéma dans ce qui est seulement son deuxième film après *La Balade sauvage* vingt ans auparavant, Malick y développe son thème de prédilection, fil rouge de son œuvre jusque dans ses productions les plus récentes : la tension permanente entre la perfection de la Création et la nature de l'Homme viciée par le péché. À l'enfer des hauts fourneaux aux cadences abrutissantes de la métropole, il oppose la douceur des couchers de soleil et le rythme lent des saisons, à la violence et à la cupidité des hommes, il compare la sérénité des oiseaux « qui ne sèment ni ne moissonnent ». Pour autant, il ne tombe jamais dans l'idolâtrie d'une Nature originelle et inviolée : si les chevaux tirant les moissonneuses-lieuses chassent cailles et campagnols des prés, la délicatesse avec laquelle Malick filme les travaux des champs nous montre tout le respect qu'il a pour cette saine domestication de la nature par l'homme. Tournant un nombre limité d'heures par jour pendant lesquelles ils peuvent bénéficier de la lumière souhaitée, le cinéaste-philosophe et son directeur de la photographie Néstor Almendros nous offrent au prix d'une exigence inouïe certains des plus beaux plans du cinéma. Filmant au crépuscule les ouvriers harassés par leur journée, laissant seules leurs silhouettes se détacher sur des ciels en feu, ils composent des tableaux inoubliables, croisements (pas si) improbables entre Jean-François Millet et Edward Hopper. *A contrario*, Terrence Malick fait le procès de la mécanisation progressive des récoltes au fil des saisons, en tant qu'elle permet l'exploitation intensive d'une terre qu'on ne respecte ni ne comprend plus et qu'elle pousse son propriétaire dans une logique de rendement menant à l'avidité.

Fidèle à sa philosophie, Malick développe son thème de prédilection : la tension permanente entre la perfection de la Création et la nature de l'Homme viciée par le péché.

C'est cette avidité qui pousse Bill à céder sa femme à un autre homme, finissant par s'abîmer lui-même dans l'embourgeoisement et l'oisiveté obtenus par cette union scélérate. Au même titre que la noblesse et l'envergure de la mise en scène témoignent de l'ampleur du propos auquel prétend Malick, le péché de Bill et d'Abby et ses conséquences prennent des proportions bibliques : comme pharaon avait été puni pour avoir pris à son insu la femme d'Abraham que celui-ci présentait comme sa sœur, les sauterelles et le feu ravageant les plaines à la fin du film sonnent comme un châtiment divin pour le fermier trompé.

À la rude harmonie pastorale des premières récoltes ont succédé les machines à vapeur dans les champs et les avions dans le ciel, et l'industrialisation croissante changeant aussi bien les lignes des paysages que les cœurs des hommes laisse à la fin du film comme le sentiment d'avoir perdu un peu du paradis qui nous avait été confié… ●

Quatre excellents livres sur l'Amérique et ses contradictions

Par Camille Dalmas

1 *Méridien de sang*

Cormack McCarthy, 1985.

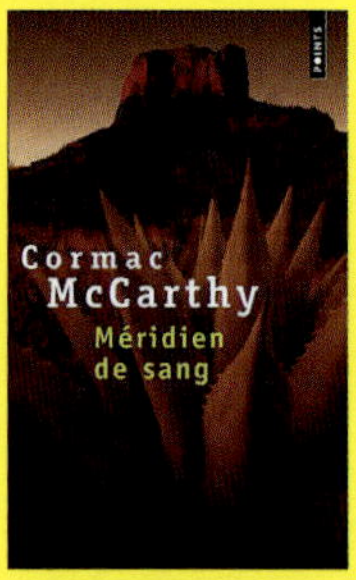

Des Indiens, des bandits de grand chemin, de la poussière et des espaces sans fin… bienvenue dans le *wild wild west*, terre de violence extrême où les cow-boys n'ont pas grand-chose à voir avec John Wayne. Suivez les pas du « kid », un gamin embrigadé dans une bande qui sème la terreur partout où elle passe, comme le revers brutal d'un rêve américain en marche.

2 *Tous les hommes du roi*

Robert Penn Warren, 1946.

Dans un État du sud des États-Unis, Willie Stark, surnommé le Boss, se lance dans la conquête du pouvoir pour devenir gouverneur. Il est suivi par un journaliste qui décrit l'ascension du tyran, tout en réfléchissant sur le sens de la société américaine. Le sacro-saint dollar règne en maître, et c'est le ventre toujours avide d'argent que les espoirs américains tournent à l'inadmissible et au sordide.

3 *Et ce sont les violents qui l'emportent*

Flannery O'Connor, 1960.

Perdu dans la campagne de Géorgie, un vieillard mystique essaye de faire de son petit-neveu un prophète. L'impitoyable emprise de l'illumination des sectaires puritains et autres créateurs de religions individuelles dans l'Amérique rurale est superbement saisie sur le vif par un des plus grands écrivains américains.

4 *La conquête du courage*

Stephen Crane, 1895.

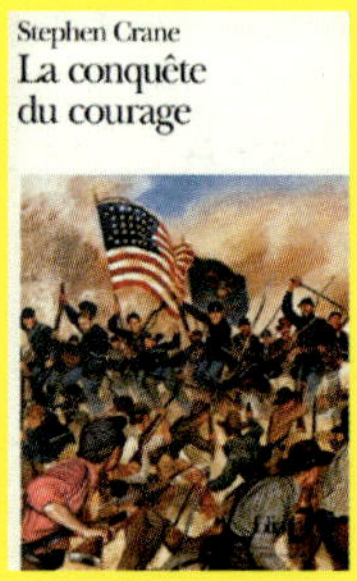

Pendant la guerre civile américaine, un jeune engagé se retrouve livré à toute la violence de la guerre, et découvre les limites de la valeur donnée par les siens au courage militaire. Roman culte d'une génération marquée au fer rouge par le « badge rouge du courage », où la victoire honteuse d'un peuple sur ses propres frères.

DÉLIVREZ-NOUS !

La chronique livre qui te fait marcher dans les pas des grands

À la découverte de *Gustave Thibon*

Par
Aziliz Le Corre
et Robin Nitot

La crise moderne de l'amour

Gustave Thibon dépeint, dans *La crise moderne de l'amour*, un des principaux travers de notre société : sans cesse sollicité par les publicités, par les informations, par telle appli ou notification, l'homme moderne, comme assailli, se désengage du monde pour y préférer la distraction. Les opinions, comme les mœurs, sont devenues mouvantes. La modernité a érigé en idoles un relativisme qui a dissous l'idée même de vérité et un vitalisme qui fait de chacun d'entre nous les concurrents d'une course folle.

La crise de l'amour n'est qu'un aspect de cette crise universelle de la modernité. Le mariage n'est plus l'institution d'autrefois structurant la société, mais la consécration d'une histoire d'amour. Sans vanter pour autant le mariage de raison, Thibon déplore cette « *idolâtrie de l'amour* », qui enferme le couple sur lui-même et l'asphyxie : « *Deux branches peuvent bien être emmêlées aussi étroitement qu'on voudra : elles ne tardent pas à sécher, si elles ne sont pas reliées au même tronc et nourries par la même sève puisée dans les mêmes racines.* » L'homme étouffé par le monde, ne sait plus se donner à l'autre. Cet amour n'est plus qu'égoïsme, la projection du soi sur l'autre. Que dirait aujourd'hui notre cher paysan ardéchois, alors que plus d'un mariage sur deux échoue, que l'avortement est devenu un événement aussi fréquent, où l'enfant non-désiré est traité en trouble-fête ? Pour Thibon, il est essentiel de remettre le lien sexuel en perspective avec l'amour et ses fins biologiques. Rien ne saurait remplacer « *l'élection mystérieuse qui lie à jamais deux êtres uniques* », écrit-il. Cette « élection » ne se légitime pas à coups de souvenirs instagrammables ou de selfies : « *l'essentiel pour deux êtres qui aspirent vraiment à l'unité, ce n'est pas de jouir, c'est vraiment de partager. Or les souffrances communes sont des liens plus profonds encore que les joies.* » Les souffrances et les joies sont les deux pôles d'une seule et même réalité : l'amour.

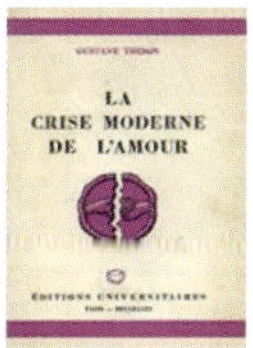

Vous Serez comme des dieux

2019. Dans un immense laboratoire californien doté des dernières avancées technologiques, des milliardaires et des scientifiques fantasment sur un monde où l'homme augmenté règne en maître, ne craignant ni la maladie, ni l'âge, ni les distances. Un homme parfaitement immortel. Bref, l'horreur.

1959. Dans une petite ferme au fin fond de l'Ardèche, Gustave Thibon rédige *Vous Serez comme des Dieux*, dans lequel il met en scène les conséquences du rêve transhumaniste qui se dessine aujourd'hui. Visionnaire, le Gustave ! Cette pièce de théâtre sert surtout de prétexte pour mettre en garde les chrétiens, en leur posant une question : en renonçant aux limites de leur humanité, en renonçant à la mort, ne renoncent-ils pas à leur Dieu ? Comme Gusti, on prend Dieu !

Retour au réel

Retour au réel ! Ça claque comme un slogan d'URSS, mais c'est surtout le titre d'un livre de Thibon paru en 1943. Son but ? Démontrer que toute idéologie doit impérativement provenir de l'observation du réel. Le communisme et le nazisme, qui se battaient alors, accomplissaient le chemin inverse en imposant au réel leurs idées abstraites, avec les résultats que l'on sait. Face à la dictature soviétique et au Reich Allemand : l'empirisme français. Cet essai tue définitivement l'héritage intellectuel de Rousseau qui écrivait : « commençons par écarter les faits ». Thibon a éteint les Lumières et on y voit plus clair.

Vous êtes pleins d'alternatives !

Axelle et Jean-Christophe

Armés de terre

Il y a encore seulement 3 ans, Axelle et Jean-Christophe ne goûtaient guère à l'écologie. Avec *Laudato Si*, le parcours Zachée et bien sûr la revue *Limite*, leur amour s'est transfiguré.

Par Lucile de la Bretesche

Le train a quitté Paris dans un matin brumeux. À Châlons, un timide rayon perse la brume. Jean-Christophe d'Auzac m'accueille, béret vissé sur la tête, les yeux profondément bleus. Jean-Christophe refait toute la maison lui-même en autodidacte. « *Cela procure une immense satisfaction. Intellectuellement, je comprends et je connais ma maison. Il y a aussi quelque chose d'extrêmement gratifiant de pouvoir se dire: "C'est moi qui l'ai fait."* »

Avoir les mains dans le cambouis, c'est la formule gagnante de ce jeune couple. Sa femme, Axelle, une jolie brune, nous rejoint pour le déjeuner et devise sur le grand mal de notre époque : « *Le monde n'est plus connecté au réel. C'est de cette déconnexion que découlent tous les drames environnementaux et humains que nous connaissons.* » Jean-Christophe et Axelle ont vécu une véritable conversion écologique après leur mariage. Dans chaque choix qu'ils posent, une réflexion sur l'impact environnemental et humain s'impose. « *Mais nous sommes confrontés au principe de réalité* » déplore Axelle. Son mari est militaire, il est donc souvent muté, « *nous ne pouvons pas nous enraciner. Lorsque nous arrivons dans une nouvelle ville, nous ne savons pas combien de temps nous allons rester (nous avons déménagé quatre fois en quatre ans). Nous n'avons pas le temps d'établir tout un réseau avec une AMAP, le producteur du coin, etc.* »

Jean-Christophe, grand limitophile, côtoie les grands penseurs inspirant *Limite*. Il lit ainsi beaucoup Weil, Ellul, Tolstoï, Bernanos. Il développe un esprit critique assez mal accueilli à l'armée où les sensibilités sont peu réceptives à l'écologie. Avec la création de la revue *Limite* et une formation par le parcours Zachée, le couple est transformé. La sauvegarde de la maison commune devient vraiment un devoir pour eux. Et Jean-Christophe de se questionner sur sa place dans l'armée, si insensible à cette question cruciale de l'écologie.

Entre ces deux-là, un amour tendre qui a déjà vécu des épreuves, déterminé à en passer beaucoup d'autres. Lorsqu'ils se sont rencontrés, Axelle était d'abord l'amie de la sœur de Jean-Christophe. « *Petit à petit, elle venait plus pour voir le frère que la sœur* » me raconte Jean-Christophe, avec un sourire en coin. Ils décident de se fiancer avant que lui ne parte en Afghanistan mais en janvier 2014, patatras, ils rompent leurs fiançailles. Axelle n'est pas prête. Il part 6 mois au Liban de mars à septembre 2014 et le couple se marie en octobre. « *Nous nous sommes rabibochés pendant le Liban et avons préparé le mariage à distance* », m'explique Jean-Christophe. Aujourd'hui, le couple avance sur le chemin de la conversion écologique. « *Notre couple passe avant l'écologie* même si les deux vont de pair. *N'ayant pas reçu la même éducation, nous ne sommes pas prêts aux mêmes changements. Quand l'un est prêt, il attend l'autre tout simplement* » ajoute le jeune papa. La patience, cette autre vérité écologique… désarmante ! ●